旅游景区开发与
区域经济发展

马潇 韩英◎著

山西出版传媒集团
山西经济出版社

图书在版编目（CIP）数据

旅游景区开发与区域经济发展 / 马潇，韩英著 . -- 太原：山西经济出版社，2021.8
ISBN 978-7-5577-0910-5

Ⅰ.①旅… Ⅱ.①马… ②韩… Ⅲ.①旅游区－旅游资源开发－研究②区域经济发展－研究 Ⅳ.① F590 ② F114.46

中国版本图书馆 CIP 数据核字 (2021) 第 158118 号

旅游景区开发与区域经济发展
Lvyou Jingqu Kaifa Yu Quyu Jingji Fazhan

著　　者：	马　潇　韩　英
责任编辑：	司　元
助理编辑：	赵宝亮
选题策划：	吕应征
装帧设计：	李宁宁

出　版　者：山西出版传媒集团·山西经济出版社
地　　址：太原市建设南路 21 号
邮　　编：030012
电　　话：0351-4922133（市场部）
　　　　　0351-4922085（总编室）
E - m a i l：scb@sxjjcb.com（市场部）
　　　　　zbs@sxjjcb.com（总编室）
网　　址：www.sxjjcb.com

经　销　者：山西出版传媒集团·山西经济出版社
承　印　者：山西润金容印业有限公司

开　　本：787mm×1092mm　　1/16
印　　张：9.75
字　　数：178 千字
版　　次：2022 年 3 月　第 1 版
印　　次：2022 年 3 月　第 1 次印刷
书　　号：ISBN 978-7-5577-0910-5
定　　价：58.00 元

前　言

在我国，旅游业已发展成为国民经济战略性支柱产业，旅游成为人民群众日常生活的重要组成部分，旅游需求的品质化和中高端化趋势日益明显。

旅游行业作为"朝阳产业"，在促进区域经济发展方面发挥了巨大的推动作用。生态旅游作为近年来国际旅游业发展中的重要旅游形式，是发生在特色地域的，以生态旅游理念为指导、以旅游产业为支撑、以良好环境以及富有特色的生态旅游资源为吸引物而展开的旅游活动。随着经济内涵式发展进程的不断推进，越来越多的人试图实现物质享受与精神体验的融合，我国旅游景区开发建设作为转变旅游发展方式的重要举措，自然得到了社会各界人士的普遍关注和重视。

近年来，我国旅游产业迅速发展，对区域经济的影响力越来越大。科学地分析旅游产业对区域经济的作用，明确旅游产业在区域经济发展中的地位，能够为旅游资源的开发、旅游政策的制定提供科学依据，并且有利于促进旅游产业和区域经济的协调发展。但是，我们不能忽视一个事实，那就是区域经济的发展对旅游产业同样具有促进作用，是旅游产业发展的重要基础。本书探讨了我国旅游景区开发与区域经济发展的相互作用以及协调发展程度，对我国的旅游景区开发与区域经济的发展进行了研究，以期对我国旅游业的健康发展有所帮助。

在编写过程中，我们力求完美，但由于水平所限，书中难免存在一些不足之处，诚盼广大读者批评指正。

目　录

第一章　旅游景区开发概述 …………………………………… 1
第一节　旅游景区的概念 …………………………………… 1
第二节　旅游景区开发概述 ………………………………… 6
第三节　旅游景区开发的理论基础 ………………………… 8

第二章　旅游资源开发方法 …………………………………… 16
第一节　旅游开发方式 ……………………………………… 16
第二节　旅游开发原则 ……………………………………… 18
第三节　招商误区及对策 …………………………………… 23

第三章　旅游景区可持续发展规划 …………………………… 26
第一节　可持续发展与旅游景区规划 ……………………… 26
第二节　旅游对景区的影响 ………………………………… 28
第三节　旅游景区可持续发展的调控 ……………………… 36

第四章　旅游需求与旅游供给 ………………………………… 43
第一节　旅游需求分析 ……………………………………… 43
第二节　旅游供给分析 ……………………………………… 49
第三节　旅游供求平衡 ……………………………………… 54

第五章　旅游经济结构与优化 ………………………………… 60
第一节　旅游经济结构的特征及内容 ……………………… 60
第二节　旅游产业结构 ……………………………………… 66
第三节　旅游区域结构 ……………………………………… 71

第四节　旅游经济结构合理化 …………………………………… 75

第六章　旅游经济的发展趋势 …………………………………… 82
　　第一节　旅游可持续发展 ………………………………………… 82
　　第二节　智慧旅游 ………………………………………………… 86
　　第三节　创意旅游 ………………………………………………… 93
　　第四节　全域旅游 ………………………………………………… 100

第七章　旅游经济发展及模式 …………………………………… 107
　　第一节　旅游经济增长方式 ……………………………………… 107
　　第二节　旅游经济发展战略 ……………………………………… 114
　　第三节　旅游可持续发展 ………………………………………… 121
　　第四节　旅游产业融合与业态创新 ……………………………… 128

参考文献 …………………………………………………………… 147

第一章 旅游景区开发概述

第一节 旅游景区的概念

一、旅游景区的定义

近年来，人们随着经济生活水平的提高，对旅游的需求也在不断增加。旅游景区作为旅游活动的载体和重要组成部分，成为旅游业重要的生产要素和创汇创收的重要来源。对旅游活动载体的旅游景区，国内外旅游学界一直在努力界定它的概念和解释它的内涵，形成了一些具有代表性的观点和意见。在国外，旅游景区很多时候用"旅游吸引物"来表示。Lew 指出旅游吸引物包括能够引起旅游者离开家的"不是家（no-home）"的地方的所有因素，包括可供观赏的景观、游客参与的活动以及值得回忆的体验。英国学者约翰·斯沃布鲁克认为，旅游景区应该是一个独立的单位，一个专门的场所，或者是一个有明确界线的、范围不可太大的区域，交通便利，可以吸引大批的游人闲暇时来到这里，做短时访问。美国学者甘恩（Guun）认为旅游景区可以是地球上任何一个独具特色的地方，这些地方的形成既可能是自然力量的结果，也可能是人类活动的结果。

我国也有多位学者就旅游景区的概念提出了不同的看法。中国旅游研究院张凌云教授认为，旅游景区是可以进行管理的吸引旅游者出游的吸引物，包括有界定地域的、永久存在的各类旅游景区以及暂时性的各类节事庆典，但不包括大多数体育运动项目和购物场所。湖北大学旅游发展研究院院长马勇教授认为，旅游景区是由一系列相对独立的景点组成，从事商业性经营，满足旅游者观光、休闲、娱乐、探险、科学考察等需求，具有明确的地域边界，相对独立的小尺度空间旅游地。昆明大学岳怀仁教授认为，旅游景区是指一定区域范围内，旅游资源、旅游服务设施和机构以及旅游交通设施等相互作用而形成的旅游地域系统。中国旅游学者魏小安对旅游景区的定义是"能够使旅游者产生旅游动机,并追求旅游动机实现的各种空间要素的总和"。

结合我国旅游业发展的实际情况,本书认为,凡是具有明确范围边界和一定空间尺度的场所、设施或活动项目,能满足游客休闲、娱乐、审美等需求的场所就是旅游景区。

二、旅游景区的特征

(一)专用性

旅游景区是指定的用来供游人开展各项休闲活动的场所。这种专用性的指定要么出于商业性决策,要么出于政府有关部门的公益性决策。但不管出于哪一种决策,旅游景区的职能都是不可改变的,如果发生改变,则不属于旅游景区。例如工厂、学校、乡村和部队军营也都可供旅游者参观或游览,但它们都不属于旅游景区,因为它们的职能都不是供游人参观。换言之,只有那些职能是专供游人参观、游览或开展其他休闲活动的场所才可称为真正的旅游景区。

(二)长久性

旅游景区都必须有其长期固定的场所,并利用这一场所发挥其固有职能。这里对其长久性的强调,主要是用以同那些没有固定场所的旅游吸引物区别开来,例如某时某处临时举办的展览、娱乐活动、流动演出及民间盛会等。这些暂时性的旅游吸引物有其不同的组织和营销方式,并且没有长期专用的固定场所,因而不属于旅游景区的行列,特别是在讨论旅游景区的经营管理时更是如此。

(三)可控性

旅游景区必须有人行使管理,必须对游人的出入行使有效的控制,否则,从旅游业经营的意义上讲,便不属于真正的旅游景区,而只能是一般的公众活动场所。但是这一定义下的旅游景区并非仅限于对来访游人收费的旅游景区,同时也包括那些有人行使管理但对游人实行免费参观的旅游景区。后者多见于政府部门和社会团体出于社会公益目的而兴办和管理的参观与游览场所。需要说明的是,目前世界上绝大多数旅游景区都实行购票入内的做法。纯商业性的旅游景区旨在通过门票收费去补偿其全部运营成本并获取利润;由政府部门和社会团体兴办的旅游景区,有些是旨在通过门票收费去补偿其流动费用而非建设投资,有些则仅仅是为了减少有关方面所支付费用的补贴。总之,从世界各国的情况看,不论出于上述何种目的,旅游景区管理的发展趋势是实行门票收费，而不是免费参观游览。

（四）依附性

许多旅游景区并不是因为旅游目的而存在的，旅游功能是它原有功能的衍生物，比如上海东方明珠塔原本是个电视塔，北京奥林匹克中心原本是个体育运动场所。

三、旅游景区的功能

在产品层面上，旅游景区不仅具有满足旅游者吃、住、行、游、购、娱等多样化需求的基本功能，而且具有观光体验、度假休闲、资源保护等多元化特色的基本功能，从而使旅游景区成为刺激旅游者前往旅游的关键动力要素。

在企业层面上，旅游景区不仅具有保护资源多样性、实现经营专业化、激活资本运作、增加旅游收入等内生性的基本功能，而且具有解决就业、提升区域形象、促进经济发展等外部性基本功能，从而使旅游景区成为旅游活动的重要空间载体。

在产业层面上，旅游景区不仅是旅游业发展不可或缺的物质资源，而且通过关联效应可带动所在区域实现经济活动的协作化，形成具有相对独立性的旅游产业，从而促进社会分工的发展和科学技术的进步。

四、旅游景区相关概念辨析

（一）旅游景区与旅游资源

旅游资源是指"自然界和人类社会中凡是能对旅游者产生吸引力，可以为旅游业开发利用，并可产生经济效益、社会效益和环境效益的各种事物和因素"。旅游资源是旅游景区的核心和基础。相对于游客而言，旅游景区主要是一个空间场所的概念，是为游客提供服务的对象，称为旅游对象；而旅游对象以旅游资源为核心，包括旅游设施、旅游服务、旅游商品等诸多要素。

（二）旅游景区与旅游目的地

旅游目的地往往是具有下列四大功能（即四个A）的旅游地域综合体：吸引性（Attractions）——有旅游景区和旅游吸引物；舒适性（Amenities）——提供与旅游活动直接相关的住宿、餐饮、娱乐和商业零售等其他配套设施；可达性（Access）——提供方便的区际、区内交通；辅助服务（Ancillary Services）——提供当地社区服务，如查询信息、银行、邮政、医疗、治安、法律援助。

旅游目的地比旅游景区的功能完善得多，空间尺度也要大得多。旅游目的地一般是指一个比较大的地理区域，如一个国家、一个海岛、一座城市等。而旅游景区只是旅游目的地的核心部分。当然，一些小型的旅游目的地和旅游景区之间往往会出现重合的现象。如鼓浪屿，既可以说是一处旅游目的地，也可以说就是一个旅游景区。没有足够的空间也就不能称其为旅游目的地，而只能称为旅游吸引物。至于旅游度假区、风景名胜区等，其实都是属于旅游景区的一种类型。

（三）旅游景区与旅游景点

旅游景点是旅游景区的核心要素，是旅游景区存在的基础。它是以旅游吸引物为主体，经过人为开发，可供旅游者观光、休闲的单位旅游点。旅游景区与景点都是以吸引物为核心。

旅游景区与景点的差别，首先是空间尺度上的差别。旅游景区一般由数个景点构成，和景点相比较，旅游景区空间尺度大，旅游景区的吸引物具有一定的规模和数量，只有旅游景区吸引物能形成市场影响和规模效应。而单位的旅游景点，不会成为独立的旅游地。在一些地方，也有一些独立的景点对外经营（如地方寺庙），影响面很窄，产业的经济意义不大。

旅游景区与景点的差别还在于配套设施完善程度的不同。旅游景区是独立的对外经营单位，需要配套的旅游设施和完善的服务体系。景点是旅游景区的组成部分，虽然也需要配套设施和服务，如安全设施、卫生设施、服务人员等，但一般不独立地对外经营，因此不要求完善的配套体系。

（四）旅游景区与旅游吸引物

旅游吸引物是旅游景区为某种旅游目的加工而成的，它可能是一种可以直接卖给旅游者的旅游产品，也可能是一种节日活动，它可能存在于旅游景区中，也可能存在于旅游景区外。

五、旅游景区的分类

（一）一般分类法

1. 按照其设立性质分类

按旅游景区设立性质分类，可以划分为纯商业性的旅游景区和公益性的旅游景区。前者指投资者完全出于盈利目的而建造或设立的旅游景区，这类旅游景区全属企业性质；后者指政府部门和社会团体出于社会公益目的而建造或设立的旅游景区,这类旅游景区虽然也多采用收费准入的管理方法,但收费的目的不是赢利,更不是借以回收其建设投资。

2. 按照吸引因素分类

按照旅游景区所依赖的吸引因素的形成原因,可以划分为自然旅游景区和人造旅游景区。前者的吸引因素属于大自然的赋予;后者为人类历史遗产或现代人为产物,都属于人为的结果。

3. 按照其展示内容的多寡分类

按旅游景区展示内容的多寡分类,可以划分为单一性的旅游景区和集合性的旅游景区。前者仅指有一项参观游览内容的旅游景区;后者指由多项参观游览内容共同构成的一个旅游景区。

(二)按照功能与用途分类法

旅游景区按照其主要功能与用途分为两大类,即开发型旅游景区与遗产型旅游景区,前者突出经济功能,后者突出其保护功能。

(三)按照旅游景区吸引功能分类法

(1)自然景观,如国家公园、森林公园、地质公园、自然保护区、野生动物园等。

(2)历史人文景观,如文化遗址、博物馆、古建筑、名人故居等。

(3)人造旅游景区,如主题乐园、微缩旅游景区、海洋馆等。

(4)休闲度假区,如滨海休闲度假区、滨湖休闲度假区、温泉休闲度假区、滑雪休闲度假区、高尔夫休闲度假区等。

(四)按照旅游景区质量的等级来划分

国家技术监督检验检疫总局于2003年发布了《旅游区(点)质量等级的划分与评定》(GB/T17775-2003),将旅游景区划分为A级、AA级、AAA级、AAAA级、AAAAA级5种类型。这个标准规定,从旅游交通(145分)、游览(210分)、旅游安全(80分)、卫生(140分)、邮电服务(30分)、旅游购物(50分)、综合管理(190分)、资源与环境保护(155分)8个方面,对旅游景区进行评分,全部项目满分为1000分。A级、AA级、AAA级、AAAA级、AAAAA级旅游景区分别需要达到500分、600分、750分、850分和950分。

旅游景区开发与区域经济发展

第二节 旅游景区开发概述

一、旅游景区开发的定义

从目前来看，旅游景区开发是指依据当地条件，投入适当的资金，运用科学技术手段，通过科学的调查、评价、规划、建设、经营等使旅游景区未被利用的资源得以利用，已被利用的资源在深度和广度上得到加强的过程。

旅游景区开发是一项综合性和全面性的工作，其主要内容，除了对各类旅游吸引物进行选择、布局、改善外，还包括旅游供应设施、市政工程、公用事业设施的兴建、管理，接待机构的建立和旅游地工作人员的培训等。

二、旅游景区开发的类型

（一）按开发形式划分

（1）新建旅游景区，即对原本未开发的旅游景区资源进行开发利用的旅游景区。

（2）旅游景区的改造，是对原有旅游景区的更新。

（3）旅游景区的扩建，由于市场需求的增加，旅游景区的原有规模不再适应旅游需求的要求，在现有的旅游景区基础上进行扩大，投资新的项目，建设新的景点。

（4）旅游景区内服务设施的增加，如增加新的饭店、餐馆、购物商店，以改善服务或鼓励旅游者二次消费。

（5）创办新的活动项目，如节庆活动、民俗节、大型会议、体育赛事等需要进行大量的开发和改造。

（二）按开发的对象划分

（1）资源型旅游景区开发，包括风景名胜区、森林公园、历史文化名城、自然保护区、世界自然文化遗产和地质公园的开发。

（2）主题型旅游景区开发，包括旅游度假区、观光休闲区、生态旅游区、旅游扶贫开发试验区和主题公园的开发。

三、旅游景区开发的特点

1. 多元性

旅游景区开发是一项综合性的技术工程，它不仅包括旅游吸引物，即风景资源体的开发，还包括旅游设施（旅游服务设施和基础设施）、内外交通的开发，必须充分考虑这些要素的科学配置和整合。

2. 多层性

旅游景区开发空间由范围大小不同的景点和景观、景物组成，因而在规划设计内容与标准上有不同的要求。

3. 动态性

旅游景区开发是一个动态的过程，具有空间动态性和时间动态性。旅游景区开发总是由小到大，由单一到综合。随着旅游景区开发时期的不同，市场供需会发生变化，对旅游景区开发的要求和规定不同，因此，通常将开发分为近期、中期和远期开发，不同时期的开发其开发标准和指标要求都不一样，这体现了旅游景区开发的动态性。

四、旅游景区开发的原则

1. 独立性原则

旅游资源的开发应突出个性，充分揭示和发现其本身独有的特色，把各项旅游资源有机地结合起来，形成一个主题，以此来树立当地的旅游形象。有个性、有特色，就容易给旅游者留下深刻的印象。

2. 市场导向原则

旅游资源的开发应该以旅游市场的需求变化为依据，以最大限度地满足旅游者的需求为标准。旅游者的旅游动机和市场需求经常变化，旅游资源在市场竞争中随时面临着入时或过时，以及扩大或丧失吸引力的问题，因而旅游资源的开发，应注重旅游市场的调查和预测，随着市场的变化而选择开发重点，减少开发的盲目性。

3. 效益原则

旅游资源的开发，应注重提高其使用价值和吸引力，以较少的投资和较短的建设周期产生较大的经济效益。

4. 保护原则

旅游资源保护是开发利用的前提和基础，保护资源的目的是更好地利用，开发本身就意味着一定程度的破坏，盲目开发不加以保护，一定会使资源遭到破坏，无法可持续利用，损失是难以弥补的。

5. 综合原则

旅游资源往往存在多种不同类型，要通过综合开发，使吸引力各异的不同旅游资源结合为一个群体，使游客能从多方面发现其价值，从而提高其资源的品位，在旅游市场竞争中提高知名度。

6. 美学原则

美是吸引旅游者的关键。旅游资源开发应充分应用美学原理，注重多种美的结合、体现和传递，努力提高旅游资源的美感度，增加其吸引力。

7. 有序化原则

有序化开发的原则要求择优开发，保证重点。区域旅游的发展是一个渐进的过程。虽然可供开发的旅游资源数量众多，但应切实区分轻重缓急，在国家财力、物力还不雄厚，地方经济发展水平还不是很高的情况下，区域旅游不可能采取区域整体统一开发的方式，只可能首先在条件优越、基础较好的部分地区，实行择优发展战略，集中资金重点开发，按照先易后难、先急后缓、集小为大的发展时序，合理投资，稳步发展，为进行较大规模开发建设打好基础。

8. 三大效益统一原则

必须统一考虑经济效益、社会效益、环境效益三大效益，要避免单方面强调经济效益而忽视社会效益和环境效益的开发模式。

第三节 旅游景区开发的理论基础

旅游景区开发学是一门实践性学科，涉及面宽，但其一系列实践活动是建立在理论基础上，并以理论为指导的。本学科的主要基础理论有经济学理论、区位论、美学理论、系统论、可持续发展论等。

一、经济学理论

旅游开发是把旅游资源转化成旅游产业的技术过程，同时也是一种反映市场调研—资源开发—产品设计—项目建设—设施配套—产品形成、经营和管理的旅游经济的活动过程。在这一过程中，旅游开发应遵循经济学的一般原理，为建立或完善不同大小区域内完整的旅游产业体系，满足旅游者的需求，产生较高的综合效益服务。从经济学的角度看，旅游开发必须进行产业投资机会分析、旅游市场调研与策略研究、旅游供给与需求研究及旅游效益评价。

旅游开发既是资源的开发，也是市场的开发。资源开发是旅游开发的基础，市场开发是旅游开发的前提。只有市场的存在，才能使资源优势转化成经济优势，促进产业的形成与完善。旅游开发中，旅游市场调研是第一位的。它是以旅游者为核心，综合分析旅游者产生的社会与经济基础、个体特征、需求状况、旅游产生地与接待地的空间相互关系、客流量大小及流量时空分布规律和发展趋势，最终进行市场定位。在此基础上，利用旅游市场中的竞争机制、价格机制等确定旅游市场经营的策略，达到争夺旅游者、争夺旅游中间商、提高旅游市场占有率的目的。

旅游开发的目的就是使资源得到永续利用，生态环境得以保护，人民生活质量得以提高，最终取得良好的社会效益、经济效益和环境效益的统一。因此，旅游开发必须考虑效益，在宏观上要进行收益与成本比较，在微观上就旅业业某一企业进行投入—产出分析，核算成本，评价经营成果。总之，运用经济学的原理与方法可以使旅游开发立足市场，面向消费，合理开发资源，优化产品结构与项目，体现旅游开发的经济性与市场性，达到开发的目的。

二、区位论

区位论创始于19世纪初，迄今为止，它的研究和应用范围已遍及农业、工业、商业、贸易、城市等领域。旅游区位论的研究却相对较晚，开始于20世纪五六十年代。克里斯塔勒首先对旅游区位进行了研究。他认为影响旅游活动的区位因素可分为12项，即气候、风景、体育活动、海岸、温泉和疗养地、艺术、古迹和古城、历史纪念地、民间传说和节日庆典、文化节目、经济结构、交通中心，并从旅游需求（旅游客源地）出发，采用经验和行为研究方法进行研究。由于在研究过程中忽略了旅游供给等因素，他最终没能建立起一个旅游应用的理想空间模式。直到美国学者克劳森提出旅游区位3种指向和德福特提出旅游业布局5条原理后，旅游业的区位理论研究才有了实质性进展。

旅游开发，其实质是旅游业及其各产业部门在一定地域的布局、配置过程，本身就是区位研究与实践的过程，需采用区位论的原理与方法来指导。旅游开发的区位研究应侧重以下几个方面。

（1）旅游开发的区位选择。主要指旅游开发选择什么样的地域进行，开发地地理位置如何，有哪些区位优势，面向怎样的客源地，开发地（接待地）与客源地之间空间的相互关系是互补性还是替代性，开发地可达性如何。其目的是为旅游活动确定最佳的场所。旅游开发区位的选择是一个动态过程，有次序性、等级性，从而形成范围不同、等级有异的旅游区域。

（2）旅游交通与路线布局。旅游交通与路线是联系开发地与客源地的旅游通道，其布局研究与实践是实现游客"进得来、散得开、出得去"与物资及时供应的前提和保证。

（3）旅游产业选址与规模、结构确定。主要指旅游的活动中"六大要素"的空间布局，最终确定合理的空间结构和规模。

（4）不同大小旅游地域空间组合结构及其演变特征研究。主要包括旅游区等级系统划分与功能分区、旅游项目与基础设施的空间安排、旅游基地建设及它们在一定空间组织结构的旅游区域。

（5）旅游开发的区域分析与区域模型研究。

（6）旅游开发中位址选择的方法研究。位址选择即位址预测，不仅要依赖区位理论，而且要依赖研究者、开发者、经营者的经验。通过可行性研究，包括投资商的销售策略，市场区的社会特征、经济特征、交通设施，所选择位址的自然适宜性等，确定分析法。

三、美学原理

爱美是人的天性。旅游是现代人对美的高层次的追求，是综合性的审美实践。旅游开发的任务就是在现实世界中发现美，并按照美学的组合规律创造美，使分散的美集中起来，形成相互联系的有机整体，使粗糙、原始的美经过"清洗"变得更纯粹、更精致、更典型化，使易逝性的美经过创造和保护而美颜永驻、跨越时空、流传久远。美的最高境界是自然的意境美、艺术的传神美、社会的崇高美和悲壮美，这也是旅游开发中所追求的最高目标。旅游空间和景物美学特征越突出，观赏性越强，知名度越高，对旅游者的吸引力就越大，在市场上竞争力也就越强。

旅游开发实践就是创造出人间优美的空间环境和特色众多的景物，使旅游者在美好事物面前受到感动和激励，得到美的陶冶和启迪，使视野更加开阔、品格更加高尚、灵魂更加纯洁，在精神上得到最大的满足和愉悦。

四、系统论

在社会生产力高度发展的现代，旅游业已是一个从资源、环境、经济和社会分离出来的新的结构复杂、功能综合、因素众多的产业系统。这一大系统由市场系统、通道系统、接待系统和支持系统组成，它既具有经济、社会和环境综合的统一效益，又具有复合性特点，社会各部分只要达到美的境界，都有可能成为旅游业的一部分。

旅游开发的研究必须从建立旅游系统工程出发，坚持整体性原则、结构性原则、层次性原则、动态性原则、模型化原则和最优化原则。

（一）整体性原则

整体性原则就是要认识到旅游业是一个产业群体，同社会、经济、环境联系极为密切。产业中各部分、产业与环境之间存在着相互联系、相互制约和相互作用的关系。在开发中既要看到产业整体功能与效率，又要让各个部分在整体中得到发展，成为地区经济中新的增长点。

（二）结构性原则

旅游业各要素间的排列组合方式多样，有的是多项的，有的是双项的，还有的是单项的。产业结构的研究，可增强产业之间的联系，获得最优的整体性能。

（三）层次性原则

旅游开发是在一定空间范围内进行的。空间大小不同，内部组成产业也不同，从而构成不同空间层次、产业层次的网络体系。层次性是旅游开发的一大特点。

（四）动态性原则

旅游产业系统受内部要素和外部环境的影响，有其发展、变化的过程。在旅游开发时，要根据旅游业发展的不同阶段，确定不同的发展目标、规模和手段。同时，还要掌握旅游业今后的发展趋势，使旅游开发具有超前性和预测性。

（五）模型化原则

旅游产业系统是开放的系统，受多种因素的制约和干扰。为了更正确地认识和分析该系统，有必要设计出系统模型来代替真实系统，通过系统模型掌握真实系统的本质和规律。模型化的系统研究方法，不仅能使研究做到定性，而且有可能通过定量来达到研究目的。

（六）最优化原则

由于旅游产业系统具有综合性、复杂性的特点，旅游开发时可采用多种途径设计出多种各具特色的旅游开发方案，从中选择出最优的系统方案，加速旅游开发，促进旅游业的发展。总之，系统论理论与方法是指导旅游开发的有效方法，应在旅游开发实践中深入研究，并用以指导实践。

五、可持续发展论

20世纪80年代初,世界面临着三大热点问题,即南北问题、裁军与安全问题、环境与发展问题。为了解决这些问题,联合国大会成立了以当时的联邦德国总理勃兰特、瑞典首相帕尔梅和挪威首相布伦兰特为首的3个高级专家委员会。经过共同的研究,3个专家委员会分别发表了"我们共同的危机""我们共同的安全"和"我们共同的未来"3个纲领性的文件。在文件中,委员会均不约而同地得出了如下战略结论:为了克服危机、保障安全和实现未来,必须实施可持续发展。专家委员会同时提出"可持续发展"是经济发达国家和发展中国家协调人口、资源、环境和经济发展间相互关系所必须采取的战略,这一战略的提出立刻引起了全世界对发展问题的极大关注。

（一）可持续发展的含义

可持续发展这个概念提出以后,人们对可持续发展的确切定义展开了热烈的讨论,并且从不同的角度为可持续发展下了定义,主要有以下几种。

1. 从自然属性上阐述可持续发展的定义

这个定义是由生态学家提出的,他们所关注的是生态持续性（Ecological Sustain-ability）,即保持自然资源再生能力和开发利用程度之间的平衡。

2. 从社会属性上阐述可持续发展的定义

该定义是1991年世界自然保护同盟（FVCN）、联合国环境规划署（UNEP）和世界野生生物基金会（WUF）共同提出的,它以人类社会的进步、发展为目标,即强调人类的生活、生产方式与地球的承载力相协调,并最终落脚于促进人类生活质量和生活环境的改善。

3. 从经济属性上阐述可持续发展的定义

经济学家理解可持续发展是将经济的发展作为其核心内容,从经济发展的资源支撑上理解可持续发展。他们认为可持续发展就是不降低环境质量和不破坏世界自然资源基础的经济发展。

上述这些定义的提出均得到了部分学者的支持,但同时也有不少欠完备之处。迄今为止,为大家广泛认可的可持续发展的概念是由挪威首相布伦兰特夫人提出的,即可持续发展是指既满足当代人的需求,又不对后代人满足其自身需求的能力产生威胁的发展。该概念主要强调了两个方面的内容:首先,可持续发展的目的还是要满足人的各种需求,这些需求应放在第一位加以考虑;其次,可持续发展不能以破坏后代人满足自身需求的能力为代价,这里实际上讲的是人对周边环境产生影响的度的问题,即人们在追求自身需求得到满足时,不能以牺牲环境为代价。环境与需求满足之间是相互依存、缺一不可的，可持续发展只有从上述两个方面来把握才能抓住其本质内容。

（二）可持续发展的原则

虽然可持续发展从定义上看只是需求和环境两个方面的内容，但是其深层次所包含的意义却是相当复杂的，基本上可以从以下四个原则来加以表述。

1. 公平性原则

公平性原则（Fairness）是可持续发展理念与人类社会之前的各种发展理念之间的重大区别。公平性在传统的发展模式中没有得到足够的重视，传统的经济理论纯粹是为了生产而生产，没有考虑到未来各代人的利益，于是就产生了许多为了眼前效益而破坏宝贵环境资源的短视行为。可持续发展中的公平性是指人类满足自身需求的机会对每个人来说都是均等的，因为满足自身需求是发展的主要目标。但在现实中，人类满足自身需求的能力却存在许多不公平因素，诸如同代人之间、不同代人之间，以及资源的分配等方面。因此，可持续发展的公平性要从下列3个方面来理解。

（1）同代人之间的公平性

即同代人均有相同的机会满足自身基本需要以及获得更好生活的需求。可是，现实的世界却是一部分人十分富足，而约占世界人口1/5的人们还处于贫困状态，这种贫富差距悬殊、两极分化明显的世界给实现可持续发展造成了极大的障碍。因此，我们要将消除贫困作为实现可持续发展的第一个步骤，使地球上生活的人能共同拥有满足生活基本需求的机会。

（2）代际间的公平

即不同世代人之间的纵向公平性。不同世代的人都同样生活在这个地球上，下一代人应该和本代人一样平等地享有满足其需求的机会。然而，地球上的资源是有限的，如何开发和利用才能既满足本代人需求又不损害人类世世代代满足需求的权利，是实现代际间公平的关键。

（3）分配有限资源的公平性

地球上的每个人均对有限的资源享有相同的使用权利。可是现实中，却是少数人使用了大量的资源；而大多数的人只能分配到一小部分，这尤其表现在发达国家和发展中及落后国家之间。发达国家对能源、矿藏等有限资源的拥有和消耗量远远大于多数发展中国家，而世界上人口又大多分布于发展中国家，这就产生了不公平因素。可见，可持续发展对公平性的要求是十分全面的，这种公平性要求当代人在考虑自己的需求和消费时，也要对未来各代人的需求与消费负起责任，保证各代人都有同样的选择发展的机会。

2. 可持续性原则

所谓的可持续性（Sustainability）是指生态系统在受到外界的某种干扰时，能够保持其生产率的能力。资源和环境是人类社会赖以存在的基础，因而保持资源与环境的可持续性是人类社会持续存在的前提。资源和环境的可持续，要求人们在生活和生产中对环境和资源进行保护式使用，在消耗方式和消耗量上对自己的行为加以约束。具体而言，可持续性原则要求人们放弃传统的高消耗、高增长、高污染的粗放式生产方式和高消费的生活方式，鼓励进行生态化的生产和适度消费，尽可能避免给环境造成破坏。从上述分析不难看出，可持续性原则的核心内容就是人类社会的经济和社会发展要和环境的承载力相协调，不能超过资源与环境的承载能力。

3. 共同性原则

在可持续发展中，共同性（Common）包括了两个含义：其一，人类社会发展的目标是共同的，即实现公平性和持续性的发展；其二，人类拥有共同的环境和资源，为了实现持续发展的目标必须采取全球共同的联合行动。因此，共同性原则需要人们形成一种相同的意识，即在满足自身需求时考虑到对他人（包括前代人和后代人）和生态环境的影响，切实保证人类共同资源的可持续利用，实现人与人以及人与自然之间的动态平衡。

4. 需求性原则

传统发展模式以传统经济学为支柱，所追求的目标是经济的增长，发展效果通过国民生产总值来反映，这种发展模式忽视了资源的代际合理配置，通过市场信息来刺激当代人的生产活动。它不仅使世界资源环境承受了前所未有的压力，资源环境不断恶化，而且人类的一切基本物质需要仍然得不到满足。而可持续发展则坚持公平性和长期可持续性原则，以满足所有人的基本需求（Demand）和向所有人提供实现美好生活愿望的机会。

（三）可持续发展理论对旅游规划的指导意义

旅游业是社会发展的重要组成部分，是国家经济不可缺少的要素。因此，旅游业的可持续发展对国家经济的发展有着十分重要的意义。但是长期以来旅游的开发模式是典型的粗放型模式，将旅游业的发展看成一种数量型的增长和外延型扩大再生产，因而导致了旅游资源的盲目开发，缺乏深入调查研究和全面科学论证、评估与规划，旅游区的环境也遭到了严重的破坏。所以，在旅游规划和开发中，要以可持续发展理论作为工作的依据之一，保持人类享受资源的公平性，严格控制出现急功近利、重开发轻保护，甚至只开发不保护的现象。对于旅游资源的开发，应进行科学的论证，只有在技术和资金到位的前提下才能进行，否则，应继续等待开发时机。旅游开发中还要注重旅游区的环境问题，不能一味追求经济效益。旅游规划开发人员应树立社会效益和生态环境效益的观念，切实保证旅游活动与生态环境的协调，实现旅游的有序发展，走可持续发展的道路。

第二章 旅游资源开发方法

第一节 旅游开发方式

旅游资源所有权与开发经营权分离是近年来意见分歧非常大的问题，也是对旅游资源开发利用、保护和旅游景区管理产生重大影响的问题。其中，地方政府是从加快开发利用和促进地区经济与旅游业发展的需要出发，投资者则看到了旅游资源的市场价值和开发利用的效益前景，两相结合，就导致越来越多的地方政府顶着压力、冒着风险进行两权分离、开发经营权整体转让的实践探索。各级旅游行政管理部门从充分利用资源和更好满足旅游者消费及旅游业发展需要出发，积极支持旅游景区实行两权分离。主张尽快建立旅游资源统一管理体制的人也为数不少，但大部分旅游资源的管理者和实际占用者对此持不同意见甚至公开反对，认为出让开发经营权对资源和环境保护不利，并拿出了有关法律法规规定作为武器。

尽管旅游资源产权各方的根本利益是一致的——就是实现资源的充分、合理和永续利用，但在市场经济中，各产权主体都有自身相对独立的利益追求。对于旅游部门来说，通过开发利用资源满足旅游消费需求和促进旅游业发展是根本目的。因此，要从化解矛盾、减少阻力、加快开发、促进发展和有效保护出发，因地制宜地选择旅游资源开发经营方式。这也是一条比较现实可行的工作思路，因为是在承认各类旅游资源管理部门、占用单位作为资源所有权代表者、监督管理者、实际占有者和利益获得者的地位、合理性，尤其是利益的前提下，采取各方能够接受的方式来实现旅游资源的有效保护、科学开发、合理利用。

旅游资源由旅游部门集中统一管理只是一种脱离实际的理想化境界。现实中，各类旅游资源分属各部门管理，主要原因是这些资源的功能用途是多方面的，作为旅游资源供旅游消费和旅游经营服务使用后，其在其他方面的功能作用并没有消失或减弱。因此，如果资源功能对应的每一个行政主管部门都以资源为自身更好利用、更好满足自己所属领域的需要,提出以其为主管部门,结果必然是部门纷争,主管权的最终归属从理论上就将归属资源最主要功能对应的部门,实践中则是最先发现和发挥功能所对应的部门。从这个角度看,旅游资源的绝大部分只是后来为旅游所用,而且往往不是主要为旅游所用,提出对这类资源实行由旅游部门集中统一管理是绝对不可能的。即使是主要为旅游所用的资源,是否能够和有必要实行旅游部门主管,也要从所有权、占用权状况和成本费用、实际效果等方面来分析比较和研究决定。

从社会主义市场经济原则和我国旅游行业管理性质特征来看,对旅游资源,即使是其中的一部分,实行旅游部门的集中统一管理也是没有必要的。社会主义市场经济中的旅游行政管理是典型的"交通警察管交通",道路、车辆、驾驶员、行人都是独立行为主体,但只要在路上行驶(行走),就必须遵守交通规则,违者纠正或处罚,而这些规则也是由法律法规和规范标准明确规定的。我国社会主义市场经济中的旅游行政管理,不再像传统的行业行政管理那样,人、财、物和产、供、销统归其统一管理与组织调度指挥,而是这些方面和环节都不管,只是通过建立制度规范、制定技术标准来协调、引导旅游生产消费,平衡各市场主体的利益关系,保证旅游市场的平稳有序运转,实现最大产出、最优效果、最高效率。在这种情形下,具体的生产经营服务、投资开发决策、资源组织等,都是由作为独立市场主体的组织、人员去进行的,旅游生产经营所需要的资源来自于市场,靠市场来调节配置,资源所有者按市场法则和资源价值获取收入。所以,资源归谁所有、占用、主管,从理论和制度上看,对其利用有制约作用,但并不是决定性的。实践中,旅游资源所有者或其代表也即实际占用者和利益的主要分享者对开发利用采取限制、干预直至阻止、反对,除了公开宣称的担心破坏资源外,实际上不好公开说的就是担心自身利益受损。

旅游资源现实占用者实际上担心的主要是权属关系变动会影响其既得利益,如果通过调整使其利益得到保障并进一步增加,一般就不会反对。实践中,无论资源的现实占用者用何种理由来反对、阻止、限制、干扰旅游开发利用,其真实意图都是要保护既得利益。如果旅游开发使其所得到的利益增加,他们就更没有理由对此持反对态度。实际上,绝大部分旅游资源都在被其现实占用者自行用于旅游,但只要旅游部门或其他方面介入,他们就会提出种种不能进行旅游开发的理由,最常用也最经不起推敲的理由就是旅游开发破坏资源和环境,而只有他们是资源和环境的忠实保护者,资源只有在他们手中才不会造成破坏和浪费。当然,这些组织从占用资源上所获得的利益绝不仅仅限于门票等现金收入上,也不仅仅是经济方面的利益。因此,承认

旅游景区开发与区域经济发展

并使其利益增加,就必须全面核算其利益状况,能够承认、保护和实现的,就一定要保证。

要实现及时充分开发利用旅游资源的目的,应该根据资源性质和产权关系现实状况,选择相应的开发利用模式。从我国的实际情况看,可以选择的开发利用模式主要有:第一,资源所有者、占用者自己组织开发;第二,资源所有者、占用者与地方政府共同组织开发;第三,资源所有者、占用者与投资者合作开发;第四,资源所有者、占用者引进开发商,由开发商组织开发。在这四种主要模式中,由于具体的开发组织、投资和经营管理方式不同,还产生了更多的开发利用模式,如资源所有者、占用者自己组织开发,有利用自有资金投资、自行经营管理的,也有通过金融机构贷款融资投资开发为此专门组建一个开发经营组织的,等等。

总之,旅游部门介入旅游资源开发,目的主要是通过指导、规范、服务来实现资源更有效地开发利用和保护,提高旅游资源开发利用的效率、效益。只要不是想将通过开发利用所产生的收益据为己有,就完全能够获得有关各方,包括资源所有者、占用者、投资商、开发经营商的理解、支持和欢迎。但是不可否认,目前还有相当一部分旅游部门的人员脱不开部门利益甚至是本单位、本人的私利,想将资源拿到自己手中,所持理由当然也非常冠冕堂皇,这实际上直接影响了旅游资源开发和旅游业的发展。如果旅游部门真正脱离了本位利益,真心实意地帮助、指导资源所有者、占用者组织谋划开发利用资源,同时注重有效保护和可持续利用,结局定会大为不同。

第二节 旅游开发原则

为了保证开发的科学性和效果,许多国家和地区在旅游开发中都积累了丰富的经验,集中表现为旅游开发应该遵循的一些原则。掌握和遵循这些原则,是我国旅游开发中解决矛盾、弥补不足、取得预期成效的重要条件。

一、资源依托、市场导向原则

这个原则是指旅游开发要以资源状况为基础,高度重视市场的需求状况、特征及其变动趋势。这是在市场经济条件下一切生产建设活动都必须遵循的原则,而旅游是天然的市场派,因此,其是作为旅游资源开发和项目建设的首要原则。在市场经济中,任何产品都是为别人的需要而生产的,都必须被需求方认可、接受,才能实现生产经营的目的,即实现价值由商品形态向货币形态的转化,实现赢利的目的。因此,尽管有"巧妇难为无米之炊"的朴素哲学和资源、条件决定生产和产品的经济学理论，但在现代技术和市场条件下，决定生产首先不是看能生产什么，而是要看市场需要什么和以什么方式、什么价格需要多少，然后去分析生产的条件、可行性和效益前景，进而决定是否生产、生产多少和在哪生产、如何生产、何时生产。

在旅游开发中突出资源依托、市场导向原则的特殊意义，首先在于旅游项目、产品全部都是为别人，也即为市场生产的，同样内容和功能的项目和产品，只要由生产者自行消费，就不是旅游项目和产品，这是由旅游的定义决定的。这一原则的特殊意义，还在于旅游资源转化为旅游项目和产品后，其外在特征变化不大，因此往往有人将旅游资源等同于旅游项目和产品，进而以为决定旅游发展状况和前景的主要是资源条件。所以，在旅游开发和发展中往往易导致只看到资源的重要性，而忽视了市场的决定性作用，没能开发出适合市场需要的项目和产品，直接影响到旅游开发和发展的效果。此外，长期的自然经济传统和计划经济实践，也容易使我国一些市场经济观念还不够普及和深入的地区，在旅游开发和发展中忽视市场的重要性。这类现象在经济社会发展水平相对较低，市场经济尚不发达的地区，是客观存在的，且可能继续出现。

二、突出特色、扬长避短原则

这个原则是指旅游项目和产品的开发必须坚持特色第一的方针，为了突出特色，就必须扬己之长、避己之短。

特色是产品的生命力、竞争力所在，没有特色的产品就是没有竞争优势和前途的短命产品。在市场经济条件下，强调产品和服务的特色，还基于分工和专业化以及生产和交换的基本理论。生产的分工和专业化决定了产品、服务的专门化与特色化，功能作用和外在形式都无差异的产品和服务是没有交换必要的。同时，在分工和专业化的前提下，存在着大量生产同类产品的厂商，这些厂商要顺利地销售掉其产品，更必须突出其在产品性能、特色和价格、服务方面的优势。在价格、销售方式特定时，产品的性能和特色就至关重要。因此，要交换以顺利地实现生产目的，产品和服务特色越鲜明、越突出越好。特色来源于生产经营者所具备条件的特殊性，当然是其中可资利用、有利于生产经营的因素，即其长处，而要设法避开与其他生产经营者比所存在的不足，即短处，要扬长避短。

在旅游开发中强调突出特色、扬长避短原则，特殊意义就在于，旅游吸引力最初就产生于文化的差异性，求新、求奇、求特、求知是主要的旅游动机和目的，它们还是实现求乐目的的重要途径。通俗地说，对于旅游者而言，所有其不了解、不熟悉的事物都会使之产生去了解、探求、体验、感受的动机，而自己所了解和熟知的事物通常是不可能对其产生旅游吸引力的，旅游的一个主要目的就是去了解、认识新、奇、特的事物和寻求新的感受、经历、知识。因此，旅游开发和生产必须特别重视特色。但如前所述，实践中由于从事旅游开发的人多是生活在同质文化之中的，一方面会熟视无睹，即对旅游资源的价值认识不足，习以为常，看不出新奇和特色之处；另一方面又会在初期和一定阶段简单地学习其他地区、其他人的做法——因为这些往往是其所不熟悉而感到新奇有趣的，在项目、产品开发建设中生搬硬套、生吞活剥，进行低水平的重复建设，开发出一些特色甚微的项目和产品，结果往往是东施效颦、弄巧成拙。

三、围绕中心、成龙配套原则

这个原则是指旅游项目和产品的开发建设，必须在抓住中心的同时，注意协调配套，形成成熟的项目和产品。具体分析，这个原则的含义可以从以下四个方面来说明：

一是旅游开发建设必须明确主题，分析确定其最核心的内容、最主要的特色是什么。客观上，每个项目和产品都存在一个主题和中心，如民族文化旅游项目的中心和主题就是展示、表现、弘扬优秀的民族文化和进行民族文化的考察、学习、探索、交流。但是，不同民族其文化的精髓和特质又是不同的，体现民族文化的不同事物；如民族建筑、民族服饰、节庆习俗、艺术风格、哲学思想等也是不同的。因此，要逐层逐项分析。

二是在项目和产品开发的各个环节、各个方面都必须始终注意突出、体现其中心、主题，不能随意规划、选择、建设、组合内容而形成没有主题、没有红线、没有特色的项目和产品。例如，生态旅游区项目的中心是感受、体验绿色生态及其所蕴含的思想观念，要求尽可能保持生态的多样性和原真性，减少人为的干扰、影响和破坏。相反，如果在生态旅游区建设嘈杂的现代游乐设施，甚至包括过多的旅游服务设施，就会使其主题、中心和特色受到损害。

三是在项目和产品的设施建设上要注意协调配套，一般行、游、住、食、购、娱的服务都要具备，且在等级、档次、规范等方面基本协调，不能畸高畸低，并逐步增加设施和服务的数量、等级，以增强可选择性。特别是要避免只顾项目自身的主体建设和功能的配套，忽视辅助性、服务性设施项目。如很多新开发的旅游区，往往都有公路和游览步道、大门和管理房等设施，但没有观景亭、椅子、凳子、垃圾桶、说明牌和指示牌等观景、休憩、卫生、信息服务设施，厕所不卫生，异味很重，水上游览项目的码头和游船过于简陋等。

四是在项目、产品开发建设的同时重视人员素质、管理和服务规范、企业形象和企业文化等软件的建设配套，以及项目、产品建成后的包装、品牌策划塑造和市场宣传销售等环节的配套和统一筹划，解决新开发项目硬件硬、软件软和硬件不硬、软件过软以及建设与管理、服务、包装、宣传、销售脱节等问题。

四、立足自身、放眼全局原则

这个原则是指旅游项目、产品开发建设要以自身的成龙配套和成熟完善为立足点，同时必须环顾周边地区、相关区域的项目、产品，注意与周边地区、整个区域乃至全国旅游开发建设、旅游产品结构调整和布局的协调一致。就一般情况来说，立足自身，做好自己的事，是社会广泛提倡、反复强调的，因此是大多数人易于想到和做到的，但放眼全局往往被很多人在认识和实践中忽视。旅游开发要放眼全局的必要性主要来源于以下三个方面：

一是在市场经济条件下，任何生产经营活动都必须首先关注市场这个大局，包括市场需求特征及其变动趋势和相关生产供应商的动向及其对自身的影响。

二是大部分旅游项目，包括规模很大的旅游区，在大部分时候都不可能是独立销售和完全独立供旅游者消费的，必须与区域内的其他项目、周边和其他地区的旅游项目共同组合成产品、线路、目的地。因此，一定区域内的旅游项目之间存在着密切的互补或竞争关系——竞合关系，在开发建设新的旅游项目时必须认真分析其与其他项目的关系和自身在区域中、在旅游线路和产品中的地位、作用。

三是旅游项目最终还要受到大区域、全国乃至全世界的影响，对于某一个旅游区开发来说，首先是所在地区、周边地区、全省旅游开发、产品建设的目标和战略对其具有指导性作用，国家旅游发展政策方针和旅游产业发展规划、旅游区域和产品开发建设规划的影响也是全面而深远的。

简单地说，旅游开发中贯彻立足自身、放眼全局原则，可以避免就事论事和只见树木、不见森林的倾向，有利于强化旅游开发和产品建设中的一盘棋观念，对保证旅游开发建设的整体效益和项目本身的长期效益有重要作用。

五、梯次推进、逐步深入原则

这个原则是指就旅游项目开发、建设方式来看，应当分轻重缓急，分阶段分步实施，并注意在项目等级、水准、内容、性质、特征等方面不断提高、

旅游景区开发与区域经济发展

深化、丰富和强化。

就一般建设项目来说,总是有主要和次要之分,为了尽快投入运营和产生效益,有些建设是首先要完成的,有些则可以逐步建设配套。大多数产品的生产也存在一个由初级不断完善升级和形成包括多种规格、型号、档次的系列产品体系的过程。

旅游项目和产品在这方面的特征最为明显,基本上体现为一种不断改进、完善、丰富、扩大和提高的过程性产品,有的在处于未开发建设的原始状态就可以供人们旅游消费,如单个或团体旅游者自行到未经开发、配套和包装的民族村寨、天然溶洞、野山峡谷进行徒步旅游、度周末、春秋游等。因此,在进行开发建设时,可以先从交通着手,逐步到游览、休憩、卫生、服务、管理设施建设和策划包装、宣传销售、内涵挖掘、展示参与等环节、方面。就项目和产品性质来说,可以从一般性的参观、游览,到欣赏、考察、参与、体验,有的还可以向娱乐、度假、康体、商务、会议等方向发展。

旅游开发强调梯次推进、逐步深入,还在于对我国为数众多的旅游项目开发经验教训的总结。我国不少开发比较早的知名旅游景区、景点,从基本完成配套建设起,长达数十年就是一张老面孔,功能没有扩展,内容没有得到深化和丰富,品牌形象也完全一样。最可悲和可怕的是,其中的一些景区仍没有意识到由此产生的危机,至今还有"皇帝女儿不愁嫁"的陈旧意识,以老大、王牌自居。

六、科学开发、有效保护原则

这个原则是指在旅游开发中,要坚持科学合理的指导思想和行为方式,要注意对资源、环境的切实有效保护,防止和杜绝掠夺性、破坏性开发利用,实现永续利用和可持续发展的绿色产业目标。

资源是我们赖以生存和发展的基础,不能有效保护资源就会使我们失去生存和发展的根本。就彼此间的辩证关系来分析,科学开发是有效保护的前提,有效保护又是充分发挥资源效益、实现开发利用目的的前提。旅游资源大部分具有脆弱性、不可再生或不易恢复性特征,特别是其中的人文文化类资源和环境生态类资源,一旦在开发中性质、特征发生根本性变化,尤其是受到开发性、建设性破坏或侵扰、污染,要复原几乎是不可能的。同时也要认识到,人类所有的生产建设活动都是按照自身的需求去改变资源的性质和特征,以生产出能够满足自身需要的产品。如果将这种改变资源性质、特征也都看成对资源的破坏,就不会有人类的生产活动,也就不会有人类及人类社会的存在和发展。更为重要的是,如果因为担心在开发中会受到侵扰、破坏就禁止或严格限制开发利用，坚持严格保护、保护第一、保护唯一等原则，还可能因资源的价值没有及时体现，特别是没有较好地转化成经济收入，没有使区域内和附近地区居民、企业、政府从经济利益上感受到资源的价值，就很难使其对保护资源必要性的认识广泛深入，相关方面特别是生活在其中的人们保护资源的内在动力就很难产生。这样，有效保护的目的就很难实现，结果往往是资源以更快的速度、更大的力度被破坏。

就现实针对性来说，科学开发、有效保护与保护第一、利用第二或严格保护、合理利用的区别不仅仅是文字上的提法不同，实际上是对利用与保护的辩证关系不同的理解和处理方式。而且，笼统地提第一、第二和严格保护，在具体执行中也难以把握，结果往往是因此限制了对资源的开发利用，最终结果常常是导致资源保护自身受到很大影响。严格、第一等是就态度和定位而言的，其实践结果很难判断，可以用"态度是严格的、定位是突出的，但由于条件所限或者方式不科学、措施不得当，所以产生了不好的结果"来搪塞、推脱；而有效保护是从结果来判断的，即无论态度、定位、方法、措施、条件如何，判断和考核的结果只有"效果"——保护好了就是"有效保护"，没有保护好就不是"有效保护"。

第三节 招商误区及对策

招商引资是促进区域经济特别是相对落后地区加快资源开发和经济发展的重要手段。尽管各地、各方面在这方面取得了很大的成效，积累了不少成功的经验，但存在的问题也相当多。最常见的问题是，很多地区、很多人对招商活动性质的认识不到位，对招商活动功能目标的认识不全面，存在明显的误区。其一是看不到招商活动在性质上与申请政府投资、无偿援助之间的根本区别，看不到"商"与"政"，"商"与"客"之间的不同；其二是简单地提"招商引资"，将"引资"作为招商的唯一目标。

一、投资商主要是"商"而不是"客"

科学地认识招商活动，首先就要充分地理解"商"的含义和特性。"商"通常是指商业、商务、商人，在招商活动中的"投资商"就是以投资为手段实现其赢利目的的商人。说白了，投资商的主要目标是赚钱，也不排除很多投资商以赚钱为唯一目的，这与道德、伦理、政治、牺牲、奉献等没有什么矛盾，投资只不过是实现其赚钱目的的手段。因此，对于投资商来说，能否赢利是决定其是否投资，预期利润即投资回报的多少是决定其投资多少快慢的最关键因素。但能否赢利和投资回报的大小，并不像一般商业贸易那样一目了然或经过分析计算就基本清楚了，更不可能立竿见影，而必须对市场供求关系及其变动趋势、资源基础、技术条件、投资经营环境等进行比较全面、客观、准确的分析研究，才能大致判断。而市场供求关系是始终处于变化之中的，包括观念、认识、政策、制度、经济社会发展、自然等各种因素在内的投资经营环境，更不是一般人用一般方式在短期内就可认识清楚的，对资源禀赋、技术条件等的认识也需要时间。这样就不难理解，为什么有很多投资商签订投资协议后，在很长时间没有投资跟进，多少年不进行实质性投资建设，其真实原因就是在分析研究以上问题，或者在等待有利的市场机会，也不排除一部分投资商经过分析研究后对投资项目能否成功和取得应有回报产生了疑问，甚至是基本否定的结论，但碍于各种因素——包括协议、法规、舆论、道义、人情世故等，又不能或不便马上宣布取消投资计划。而政府投资主要是基础性、公用性、先导性的项目建设，目标主要是提供公共产品，为经营性项目投资奠定基础、创造条件，因此，一般不以投资回报和赢利为目标，是无偿使用的。

二、招商引资中需要避免的做法

认识到投资商的性质及其投资目的后，就能看出一些地区特别是相对贫困落后地区在招商活动中的不当举措。

第一，从开门迎客的传统习俗观念出发，给投资商戴高帽子，像接待贵宾、首长那样礼遇有加，在节庆等活动中地方领导全围着投资商即通常所称的"老板"打转转，进行超标准接待乃至举行盛大欢迎活动。这样做的一个直接后果，是被一些不诚实、不道德、不法者所利用，小者骗吃骗喝，中者骗钱骗物，大者骗人骗地——骗人主要是指骗取人们的信任、政府的优惠政策等。同时，也使招商成本费用大幅度增加，往往还使得真正想投资的诚实投资商对投资环境产生疑问。此外，也会将投资的商业性活动变成带有政治性、友好交往性活动，使得有些投资商在明明已经知道投资计划难以实施之后而不能、不便马上宣布终止。外来投资商也被称作"客商"，但以商为主的"客"不同于一般意义上的宾客，其来做客的目的不是礼仪性的友好交往，而是来寻求商业利益、投资赢利的，"客"只不过是尊称和与主人对称的限定词。

第二，也有一些看明白的地方政府部门及其负责人将错就错，为了取得政绩而搞假项目、假引资，近年来非常流行的"协议招商项目""协议投资额"及其与"实际开工建设项目""实际利用外部资金"的差距越来越大，就是非常典型而且非常普遍的表现，其害政、害民、害社会等危害性之大无须多言。

第三，为了吸引外来投资，竞相出台优惠政策，往往超出了本级政府的法定权限，其承诺并签订的投资合作协议，为日后投资计划的实施和协议的兑现留下了隐患。有些地方对投资商，到了"只要你来投资，土地、税收、信贷、收益分配等什么都好说"，一旦资金到位、项目开工，当初的承诺就开始变味，扯皮、纠纷、矛盾不断增加，招商者是"从奴隶到将军"，投资商往往就从"爷爷"变成了"孙子"——开始是被求被恭敬，随后就是四处求人。

三、应对措施

解决以上问题的办法很简单，就是在认识到招商和投资商性质及投资商目的的基础上，实事求是地宣传、洽谈、签协议，双方都本着一颗真诚的心去办事，当然依据法律法规和惯例行事是前提，同时都要换位思考。

对于招商功能作用和目标的理解，还要不能简单地只看到引进资金，而是要看到"引智""引制"和"引市"等方面的重要性。实际上，现在很多地区和项目引进的投资商，其直接带入的资金是有限的，大部分还是贷款融资，而且绝大部分是使用投资区域内的银行资金。这样，引进的实际上主要是一种投融资和开发建设机制，区域内没有能够直接将银行资金与开发建设项目结合起来，主要原因就是没有人员和机构来利用这种机制，其更深层的原因就在于认识不到位，观念跟不上，不会用、不敢用银行资金，或者争取不到银行投资。因此，招商的主要功能和目标实际上首先就成为引进一种新的机制，而投资商的认识、观念及智力、智慧、知识、技术等是机制的基础。所以，招商的主要功能和目标就转变成"引智"和"引制"。市场经济中，市场是最根本、最重要的决定因素，对于旅游来说更是如此，因为旅游产品、项目和服务都是市场性消费，自给性消费在理论上应该为零。所以，"引市"也就非常重要。在旅游区和旅游项目开发招商中，很多地区都将"引市"作为重点，但也还有不少地区对"引市"和"引智""引制"认识不到位，眼睛主要就盯着钱。因此，简单地提"招商引资"是不准确、不全面的，有时往往是有害的，应该将"招商"与"引智""引制""引市"全面结合起来。

第三章 旅游景区可持续发展规划

第一节 可持续发展与旅游景区规划

旅游景区是旅游资源集中地，旅游资源与旅游环境是旅游业赖以存在的物质基础，同时旅游资源又是一类稀缺性资源，并且对环境有高于其他资源的依赖性。因此，旅游资源的开发既包括资源的利用又包括资源及环境的保护，即旅游资源与环境的可持续开发。旅游资源与环境的可持续开发，首先就是要运用可持续发展理论、结合旅游自身的特色来指导旅游景区的规划。

一、可持续旅游发展概述

（一）可持续发展的概念

现代可持续发展的思想源于环境恶化与资源枯竭等问题引起的对传统发展方式的反思。自20世纪80年代初可持续发展概念被提出后，不同的学者将它引入自己的研究领域，同时结合本国国情用本专业的语言对可持续发展进行表述。

在世界环境和发展委员会（World Commission on Environment and Development，WCED）于1987年发表的《我们共同的未来》的报告中，对可持续发展的定义为："既满足当代人的需求又不危及后代满足其需求的发展。"这个定义鲜明地表达了两个基本观点：一是人类要发展，尤其是穷人要发展；二是发展要有限度，不能危及后代人的发展。

尽管对可持续发展概念有不同的表达形式，但具有广泛影响与普遍意义的概念是上述定义。这一定义具有哲学上的概括性，其他的定义可理解为对本定义的深化。

（二）可持续发展的基本内容

可持续发展的基本内容可归纳为4个方面：

1. 强调首先要发展

人类需求和欲望的满足是发展的主要目标，发展是人类永恒的主题，是人类共同的、普遍的权利和要求。不论发达国家还是发展中国家都享有平等的、不容剥夺的发展权利。这里的发展包括经济、社会和自然环境在内的多种因素的共同发展。

2. 强调持续性，即经济发展的持续性

一方面，经济增长必须在保持自然资源及其所提供服务质量的前提下，使经济利益的增加达到最大限度。另一方面，可持续发展要求人类对生态环境的利用必须限制在生态环境的承载能力之内，也就是对发展规模、发展速度要有一定限度的限制，改变长期以来人类在追求发展、经济利益的过程中以牺牲生态环境、历史文化遗产为代价的做法，以保证地球资源的开发利用能持续到永远，以便给后代留下更广阔的发展空间。

3. 强调公平性

可持续发展满足全体人民的基本需求和给全体人民机会以满足他们要求较好生活的愿望。要给世界以公平的分配和公平的发展权，要把消除贫困作为可持续发展进程特别的问题来考虑。

4. 强调共同性

可持续发展共同性缘于人类生活在同一地球上，地球的完整性和人类的相互依赖性决定了人类有着共同的根本利益。地球上的人，生活在同一大气圈、水圈、生物圈中，无论是穷人还是富人，本国还是别国，彼此之间是相互影响的。因此，必须采取全球共同的联合行动。

二、可持续发展理论在旅游景区规划中的应用

（一）作为旅游景区总的规划理念

可持续发展的思想与理论对旅游业的发展具有特别的针对性。一方面，旅游业作为一项环境资源产业，可作为可持续发展关于环境与发展命题的原型和实例；另一方面，关于旅游业是社会事业还是经济产业的争论，充分而生动地展现了旅游在可持续发展中的意义和作用。因此，可持续发展的思想和理论必然成为旅游规划的核心指导思想。可以说，可持续发展思想和理论不仅对以前旅游规划的思想和理论产生了革命性影响，更为重要的是，它为旅游规划过去的困惑指出了正确道路和解决方法。旅游规划需要过去的产业

思想和景观美学思想，更需要新的环境保护思想、文化完整性思想，以及代与代之间，游客与接待区之间，旅游商家、政府与非营利组织之间平等的思想。总之，旅游可持续发展首先要求旅游规划以可持续发展的思想作为总的指导理念。

（二）对旅游景区具体规划的指导

从前面旅游可持续发展的含义可知，旅游可持续发展要求实现3个目标的协调和平衡，即旅游经济的可持续、生态环境的可持续和社会文化的可持续。这就意味着，旅游规划要确保旅游业的积极影响达到最大，消极影响降到最小。因此，旅游规划的目标，首先是增加游客的满意度，以维持旅游市场的持续增长；其次是增加旅游收入，以吸引和加强旅游投资，保障旅游供给，维持旅游供给和需求的动态平衡；再次是保护旅游资源，以维持旅游资源代内和代际的持续利用（包括自然的和文化的）；最后是加强旅游社区和地区的联系，以维持接待区和游客之间的社会协调。

（三）旅游景区规划中应用可持续发展理论的具体方法

旅游可持续发展的多元化目标，要求旅游规划在方法上更加综合和系统。它不仅要求对旅游功能系统结构要素进行综合，还要对其依存的社会、经济和环境系统进行综合，因此还需要从环境和可持续发展的角度，运用环境容量和社会经济容量的方法，以及社区参与的方法。旅游可持续发展对规划的要求较之以前的规划更具综合性、弹性，不仅要根据市场信息的变化和反馈进行调整，而且要根据环境和社会文化的变化进行调整。因而旅游可持续发展的规划实际上是个连续动态过程，要求既能处理不同空间尺度的连续一致性，又能处理近期、中期和远期等不同时间尺度的连续一致性。

总体上，作为一种先进的旅游开发理念，旅游可持续发展理念对传统旅游开发规划从规划思想、规划目标到规划方法等各个方面和各个环节都提出系统的挑战和要求。这是学科的，也是世界性的，应该得到中国旅游规划界的积极响应。

第二节 旅游对景区的影响

旅游景区是旅游的对象，是游客集中的地方。旅游的开发，改变了景区内资源原有的利用方式，也改变了对景区施加影响的人的群体和规模。这些改变必然引发景区一系列的变化，概括起来体现在三大方面：对景区及周边社区的经济影响；对景区及周边社区的环境影响；对景区与周边社区的社会文化影响。

一、对景区与周边社区的经济影响

（一）旅游的经济效应

1. 旅游资源开发的正面经济效应

旅游资源是旅游业发展的依托和基础，独特且具有吸引力的旅游资源是旅游业发展的灵魂。旅游资源要进入市场，必须进行资源开发使之成为旅游产品。从这一角度讲，正是由于开发才使旅游资源具有了经济性。科学、合理、有序的旅游资源开发会给旅游地带来诸多正面经济效应，而这些效应正是通过其对旅游业发展的促进作用才体现出来，具体表现在：

（1）促进旅游地经济发展

对任何旅游景区而言，发展旅游业的最先目的往往是为了获得收入，促进本地区的经济发展。由于旅游牵涉的直接与间接行业多，因此，旅游有其他产业难以达到的对当地经济的带动、促进作用。旅游还能带动投资，增大地方经济规模。旅游还有很好的扶贫功能。自然环境与传统文化保存较好的地区，往往是经济落后的老、少、边、穷地区，这些地区也是生态脆弱地区，当地资源在其他经济领域用途十分有限，在难以找到经济发展出路的情况下，旅游几乎成了最佳选择。这使旅游景区的开发带有浓郁的扶贫色彩。

（2）提供劳动就业机会

旅游业是一种劳动密集型产业，景区的开发需要宾馆、旅行社、交通、邮政、电力、购物等配套设施为其服务，这些设施需要大量从业人员来支撑运作，这就为社会创造了就业机会。世界旅游组织秘书长弗朗西斯·弗朗加利认为，无论是在发展中国家还是在发达国家，旅游都被证明是少数几个能创造大量就业机会的行业之一。世界上大多数发展中国家拥有充足的剩余劳动力，发展旅游业可以吸纳这些劳动力，从而减轻社会的就业压力。

（3）带动相关产业发展

成功的旅游资源开发，不仅能够使当地政府和居民赚取外汇收入，而且能够带动相关产业的发展。这些产业的发展，也提高了国家的税收收入。同时，旅游业的健康发展，能够促进旅游地经济结构的调整。旅游地为满足旅游者在旅游过程中的需要，必须调整原来的经济产业结构，使之与旅游需求相适应。调整和改变力度较大的首先是为旅游业直接提供服务的领域，如交通、通信、建筑等。这些领域的发展，又要求其他部门的发展与之相适应，从而改变了原有经济结构和部门布局。

(4) 平衡地区经济

景区多位于经济相对落后的内陆地区、山区、边远地区、交通闭塞地区，而出游能力强的主要客源地是经济较发达地区。来自经济较发达地区的旅游者的单向性资金流注入经济欠发达地区，可以起到平衡地区经济收入差距的作用。

2. 旅游资源开发的负面经济效应

旅游在给旅游区经济发展带来促进作用的同时，也会带来一些不利影响。

(1) 过分依赖旅游业可能导致区域经济发展的不稳定性

旅游的发展受多种因素影响，这些因素复杂多变，导致旅游业也具有高度敏感性和脆弱性，一旦出现传染病流行、主要客源国或地区政策改变等因素，将导致整个旅游业出现滑坡、萧条、萎缩，甚至导致区域经济出现危机，最终致使经济一蹶不振。

(2) 旅游过度发展可能导致产业结构的不利改变

旅游开发以后，可能会因为旅游业收入高于其他一些行业收入，一些人放弃原从事的职业而改行进入旅游业。如弃农经旅，致使农副产品生产能力下降，不能满足旅游发展对农副产品日益增多的需求，从而导致农副产品价格上扬；不仅改变了当地产业结构，影响区域经济发展，也引起当地居民的不满。

(3) 旅游业发展可能导致旅游区物价和地价上涨

旅游发展规模增大以后，对食品、日用工业品、手工艺品和土特产品等的需求量剧增，提高了这些商品的利润，导致物价猛涨。同时，由于景区的开发，宾馆、饭店、度假村、旅游设施等要占用一批土地，虽然土地拥有者和建筑公司的收入增加了，但当地居民不得不为自己的食品、日用品及个人住房建造、购房、租房付出更多的开支，也易造成当地居民的不满。

(二) 旅游对景区与周边社区的经济效应的评价

1. 对景区经济效应的评价

对景区经济效应的评价，可以景区旅游收入和经营利润率及投资收益率等指标来衡量。景区旅游收入是指在一定时间内，景区向旅游者销售旅游产品、旅游商品和其他劳务所获得的货币收入的总和。在旅游产品生产和经营的成本结构不变的情况下，旅游收入的多少与旅游利润成正比例关系。因此，旅游收入的增长对景区资金的积累与发展起决定性作用。旅游收入直接反映了某一旅游目的地旅游经济运行状况，是衡量旅游经济活动及其经济效益不可缺少的指标。

景区经营利润率是指一定时期内景区旅游企业利润总额与营业收入之比。

该指标用以衡量景区的盈利水平。

投资收益率是指一定时期内，由旅游投资带来的利润额与投资总额之比，反映单位投资所获得的利润。

2. 旅游对景区周边社区的经济效应的评价

旅游对景区周边社区的经济效应主要用居民旅游收入乘数、旅游就业乘数、政府旅游税收的增长来衡量。

居民旅游收入乘数指单位旅游投入增加额与由此导致的该地区居民总收入增加额之间的比率关系。该乘数表明景区的开发给当地居民收入的增加带来的影响。

居民就业乘数指单位旅游投入增加所创造的间接与直接就业人数之间的比率关系。该乘数表明景区通过一定量的旅游收入，对当地经济系统产生连锁反应，及其对最终就业机会的影响。

二、对景区及周边社区的环境影响

（一）旅游的环境效应

环境是人类生存和发展的基本空间，包括自然生态环境、社会政治环境等，是一个意义广泛的概念。旅游资源是构成环境的一部分，旅游资源开发总是在特定的环境中进行。良好的环境对发展旅游业具有不可低估的推动和促进作用，而旅游资源的合理开发又能促进环境的保护。

1. 正面的环境效应

（1）促进生物，尤其是珍稀濒危生物的保护

珍稀濒危生物主要分布在自然保护区和自然保护点上，是在人类已普遍地影响自然生态环境状况下遗留下来的、不可多得的"自然遗产"。由于其生态系统保护良好，景观及环境的美学价值、科学价值高，因此它为人们进行生态旅游提供了极佳的资源与环境。从前，对于自然保护区和自然保护点主要强调的是对其资源与环境的绝对保护，结果是经费投入少，管理不力，保护区内及周围群众生活无保障，偷伐、偷猎、偷垦等现象屡禁不止，导致自然保护无力，未能达到真正的保护目的。现在，在自然保护区内开辟"旅游小区"，一是可以起到对周围群众和旅游者进行生态环境保护意识的教育；二是可为自然保护区的珍稀濒危生物保护等寻求到经济支撑，增加保护和管理的力度；三是通过旅游开发可帮助当地群众就业和脱贫致富。

（2）促进水体保护和水体污染的治理

旅游的开发在一定程度上对水体保护和水体污染治理起到了良好的促进

作用。一些旅游地域山清水秀，水体洁净，优于周围其他地域的水体环境。例如，1993年年底，杭州发起了"保护西湖绿色行动"，成千上万的杭州市民志愿参加，统一标志，自备工具，沿湖开展污染源调查、环境保护宣传和清理活动；还从西湖周围搬迁了10余家有污染的工厂，沿湖各单位污水全部纳入环湖截流管道，开拓隧道引钱塘江水补给西湖，加快了西湖水体的循环速度，改善了西湖水质。又如，昆明滇池在旅游开发方面具有较高价值，已是国家级风景名胜区和国家级旅游度假区，但滇池水质严重污染，影响了滇池观光、度假等旅游功能的发挥，成为滇池旅游开发的限制性因素。为此，昆明市在滇池畔建立了几座污水处理厂，彻底整治了大观河等几条入湖河流；将草海与外湖隔离开来，开通西园隧道，清理草海等；总共耗资160多亿元，用于滇池水体污染的治理，以提高滇池水体质量。

（3）促进大气环境保护和治理

洁净的大气本身对旅游者就有较强的吸引力，也是较高旅游环境质量的一种体现。大气的污染将会导致旅游者感知——体验质量的下降。为此，各旅游地域对大气环境极力进行保护，对大气污染进行治理。例如，黄山汤口的寨西村、源溪村在旅游未开发之前，每年砍木烧炭、砍柴煮饭都破坏大量林木，不仅造成了森林和黄山旅游资源的破坏，还污染了大气。后来开发了九龙溪、翡翠园、猴园3个景点，1995年创产值128万元，这使当地人们认识到环境保护的重要性，家家户户自觉地改善了燃料结构，改用液化气。又如，湖南张家界过去空气中二氧化硫含量高达$0.62mg/m^3$，超过了国家一级大气标准3.68倍，杉木大多枯黄，pH值低达4.44，并出现了酸雾酸雨。为治理大气污染，该风景区将主要基础和旅游设施均安排在风景区的核心区以外，并规定了排污标准。

（4）促进地质地貌的保护

一些典型的地质、地貌现象不仅是自然生态环境的组成部分，还是重要的旅游资源。为使旅游业能持续地发展，各国、各地区开展了一些地质、地貌现象的保护工作。例如，埃及、以色列和约旦等国对红海沿岸珊瑚礁的保护，中国对张家界砂岩峰林地貌、武夷山和丹霞山等地的丹霞地貌、北戴河和昌黎海岸的海滩、云南的禄丰恐龙化石地点及众多的溶洞、四川九寨沟的钙华景观、海螺沟的冰川及冰川地貌等进行了保护。

总之，旅游开发、特别是生态旅游开发，提高了人们对自然生态环境的认识。通过法律法规等手段进行管理，一方面保护了自然生态环境及其组成要素，使生态环境进入良性循环之中；另一方面通过旅游开发，整治了生态环境，使"山不青"变成"山青"，"水不秀"变成"水秀"，逐步提高了环境质量，促进了生态环境的保护和改善。

2. 负面的环境效应

旅游资源开发也为环境带来不容忽视的消极影响和负面效应。

（1）土壤因践踏而板结

旅游资源经过开发投向市场后，必然会吸引一定的旅游者前来旅游。众多游人反复地践踏，往往会引起土壤板结，进而影响植被的生长。

（2）垃圾与废水的倾倒引起水污染

水是人类生活必不可少的，也是旅游业发展至关重要的物质因素。旅游资源开发引起的旅游者数量的增加，必将加大对水尤其是淡水的需求。一些淡水资源不是十分丰富的地区可能会面临缺水问题。旅游者带来的大量生活垃圾未经处理就直接排入河流、湖泊及海洋之中，这些垃圾除直接污染水质外，还会因过多营养物质进入水体而破坏水体中的生态平衡。

（3）植被遭受破坏

许多植被本身就是珍贵的旅游资源，而旅游资源开发可能会对这些植被造成不同程度的破坏。例如，黄山在修建云谷寺至白鹅岭索道过程中，仅在白鹅岭就砍伐林木达 $48450m^2$。旅游者在旅游活动中，任意采摘各种花卉、攀摘树枝和果实、随意砍伐树木作取暖或搭帐篷之用等行为，严重破坏了物种和林木。

（4）动物受到干扰和捕猎

大多数野生动物是不与人类接触并亲近的，而打猎、观赏、为野生动物拍照是针对动物旅游资源开展的最重要的旅游活动。人类的旅游活动不可避免地影响了动物的生活和生存环境。最为严重的是在一些拥有野生动物资源的地区，人们为了满足旅游者中一些人食用野生动物的癖好以及购买动物制作纪念品的需求，为了赚钱肆意捕杀野生动物，导致野生动物数量的减少，甚至一些珍稀物种濒于灭绝。

（5）大气因旅游交通与餐饮等而受污染

旅游活动的实现要借助飞机、轮船、汽车、火车等交通运输工具。所有这些交通方式都对大气产生污染，汽车对城市旅游地的污染尤为严重。饭店在做饭的过程中燃烧煤炭等燃料及产生的油烟会污染大气。

（6）噪声污染

大量旅游者涌入旅游地，人为地制造了许多噪声，而且各种交通工具的运行也产生噪声污染，其中最为严重的是飞机起飞或降落时的噪声。

（7）对旅游地居民生活环境的干扰

旅游资源开发带来的大量旅游者的涌入，可能会使旅游地变得拥挤不堪，使当地居民的生活空间环境变得相对狭小,给居民的生活带来极大不便。

(二)旅游影响景区环境的途径

旅游可通过多种途径并在旅游活动中的食、住、行、游、购、娱等各个环节影响景区环境。对景区环境施加影响的既有旅游者,也有旅游管理者、旅游经营者、当地社区居民。旅游者是需求方,旅游经营者、旅游管理者、当地社区居民总体上代表供给方。在旅游系统中,由于各自的角色不同,因此施加影响的方式也不同,所产生的影响有直接影响与间接影响之分。

旅游通过如下途径影响景区环境。

1. 旅游者的旅游活动

旅游者在旅游活动中践踏植被、踩实土壤、制造喧哗,有些素质较差的旅游者摘花折木、乱扔垃圾、乱刻乱画、食用野生动植物。过多的旅游者也会冲淡地方社会风情。

2. 旅游经营者的经营活动

旅游经营过程中交通、餐饮、住宿等排放的"三废"造成环境的污染。旅游经营者经营方式的偏差也会引起环境问题,如某些自然景区经营者为增加旅游吸引力而引入区外动物,改变了景区的生态结构,导致难以预测的后果。

3. 旅游设施建设活动

具体表现为炸山开路、大兴土木、乱建索道、饭店过于靠近海滩等。旅游开发并不否定修建必要的旅游设施,但应尽量避免对景观与环境造成破坏。

4. 当地居民的态度

当地居民对旅游欢迎或抵触的程度,决定了他们对景区资源与环境采取的是维护还是破坏的行为。旅游景区应尽量与当地社会形成一个利益共同体。

5. 旅游管理者的管理方式

旅游管理者通过制定有关政策、标准、规划等,并监督这些规章的实施,来约束旅游投资者与经营者,从而间接影响景区的旅游环境。

三、对景区及周边社区的社会文化影响

(一)旅游的社会文化效应

1. 旅游资源开发产生的正面社会文化效应

旅游资源开发能吸引国内外旅游者前来观光旅游,从而加强旅游地同世界各国、各地区的联系,消除社会、民族、种族等偏见,促进当地社会的发展,增强相互理解。旅游活动是一种综合性的社会文化活动,旅游者以其自

身的行为方式、生活习惯、价值观念介入旅游地生活中，会对当地居民，尤其是青少年产生示范效应。这些效应可能会起到改善和提高旅游地居民的卫生条件、生活习惯、生存意识及当地居民文化水平等功效。旅游的发展有助于历史文物古迹的修复，抢救一些即将失传的语言、音乐、文字，使传统文化得到继续发展的现代支撑，为解决社会发展与保持传统文化的矛盾找到了一个很好的途径。

旅游的发展还能激起地方居民对本民族文化的自豪感。旅游资源开发对旅游地产生社会文化效应是一个循序渐进的过程，许多效应仍亟待研究和评价。

2. 旅游资源开发产生的负面社会文化效应

旅游资源开发在繁荣旅游地文化、促进旅游地社会发展的同时，也为旅游地带来诸多方面的消极影响和负面效应。这主要表现在它会冲击旅游地社会文化和道德导向；同化旅游地的民俗风情，并可能使之庸俗化等。

旅游资源开发带来的旅游业发展为色情、赌博等行业提供了便利条件。色情业是古老的行业之一，旅游活动的空间位移性为其创造了良好的场所和环境。一部分妇女为获得就业机会和高收入而投身色情行业。赌博虽然在很大程度上与旅游业没有直接的关系（除中国澳门、拉斯维加斯等地依靠赌博来发展旅游业外），但旅游业的发展为赌博提供了场所，使这一行业变得兴旺发达，屡禁不止，严重破坏了社会秩序。旅游地居民与旅游者在经济收入方面的差距，会引起抢劫、偷窃、欺诈等犯罪行为的发生，这些犯罪行为不仅会造成当地社会秩序的混乱，引起当地人的心理紧张，而且国家为打击犯罪、维持治安增加了经费预算，这阻碍了经济的发展。

发展旅游业之前，一些边远地区的少数民族，由于与外界的接触较少，其传统文化和民俗风情能够一代一代地继承下来。旅游业的介入，异地风情、异国文化、不同思想文化意识的进入，往往使旅游地的民族文化、地方风俗被冲淡和同化。例如，湘西在发展旅游业之前，保留着大量淳朴民风和古老习俗，然而当国外旅游者进入后，这里却发生了巨大的变化：包头的、穿民族服装的渐渐少了，取而代之的是衬衣、西装、各种流行的长短裙、牛仔裤等；铺着青石板的街道和具有民族特色的吊脚楼被柏油马路和水泥建筑所代替……当地的传统与文化正在逐渐消逝。对包括中国在内的大多数发展中国家而言，由于旅游业起步较晚，且本国经济基础薄弱，因此在发展旅游业过程中，或多或少地在一定程度上依赖外国资金的介入，如中国的许多饭店都是国际著名饭店的连锁店。这些饭店的建立固然有助于中国旅游业的发展，但同时也使大量利润流到外国投资者手里，造成旅游漏损，使旅游地获利很少。而且，饭店的许多管理人员都是外国人，他们地位高，收入丰厚，生活优越；而实际上本地员工既为旅游者服务，又为外国投资商服务。

（二）景区、旅游者与地方居民的关系演变

旅游是一把双刃剑，景区的开发既可带来正面的效益，也会带来负面的影响。居民对旅游的态度转换取决于居民从旅游中获得的收益与支付的代价之间对比关系的转变。在景区开发的初期，当地居民更关心的是旅游带来的经济收益，同时旅游带来的负面影响还未充分显现，故在早期阶段一般持欢迎态度；但到了旅游比较成熟阶段，旅游对地方经济增长的拉动明显减少，而旅游所带来的物价升高、环境破坏、地方文化特色消失、传统生活方式消失等影响积累到了一定程度，使当地居民产生反感。由欢迎到反感有一个演化过程，各阶段有一定的特点。

第三节 旅游景区可持续发展的调控

一、对经济影响的调控

对景区旅游的经济影响的调控主要是解决好短期效益与长期效益、区内收益与区外收益及投资经营者、当地居民、地方政府3者的利益关系。可从如下几方面来分析。

（一）尽量在保护的前提下扩大旅游规模

旅游规模的扩大意味着获得更多的收入，只有收入较多的情况下，才有可能使更多的人受益，这是一个必要条件。因此，对旅游景区的开发应该从一开始就坚持高投入、高产出、分期滚动发展的原则，以使资源能得到有效利用与保护。实践证明，小投入往往与低水平、短期行为相伴，并以高强度消耗资源与不顾环境破坏为代价。在景区投资强度上，政府可通过旅游规划、项目审批加以调控。

（二）尽量让当地居民参与旅游，从中受益

居民是旅游目的地的主人，他们的态度与旅游可持续发展密切相关。居民参与旅游的方式是多种多样的，比如以股份的形式参与旅游投资、发展家庭旅馆、出售土特产、歌舞表演、进入景区就业等。景区还可以资助地方教育、改善基础设施等方式让地方受益，从而获得地方的支持。

（三）尽量依靠当地供给，减少收入漏损

景区日常餐饮、卫生、办公等原材料的消耗，在满足质量要求的前提下，尽量从地方购买；景区员工尤其是技术要求不高的职位所需员工应尽量在当地招收，招收后可进行适当的培训；还可以鼓励当地居民参股等。这些做法可扩大景区与地方经济的关联度，减少旅游收入的外流，并将景区的发展与当地经济的发展有机地联系起来，获得当地民众与政府的支持。

二、对环境影响的调控

景区旅游环境问题可通过有效的手段来调控，尽量减少旅游给环境带来的负面影响，促进旅游环境的良性循环和旅游业的可持续发展。

（一）认识与利用旅游开发与环境保护规律

旅游景区开发中也存在各种各样的矛盾，旅游在一定程度上也加速了环境损耗和地方特色的消失，伴随经济效益增长的是生态环境、自然景观、文化特色和传统习惯等付出的代价。旅游业赖以发展的旅游资源是有限的，那种对旅游资源"杀鸡取卵、涸泽而渔"的做法，片面追求高速度、高效益，造成旅游越发展环境污染越严重的状况，不符合人类社会发展的总目标。尊重和保护旅游资源和环境，不断改善环境质量、促进人类和环境和谐共处，是旅游发展的根本目的。这就要求必须从旅游开发与环境保护的相互关系中探寻内在规律，以针对不断恶化的生态环境，加强旅游开发与环境保护的一体化研究；采取合适的方针政策及有关措施，促进旅游与自然、文化、环境融为一体。

（二）做好旅游开发规划

旅游开发对环境的负面影响是可以预防的，预防的重要手段之一是作好旅游开发规划。科学的规划可以合理利用资源并有效保护环境。任何景区的开发规划都必须进行资源、环境保护规划，景区的资源与环境保护规划可在景区的定位、设施的布局、保护区的划分、植被绿化保育区、垃圾收集系统、"三废"处理、噪声控制、环境教育解释系统、旅游管理规划上得到全方位的体现。旅游景区开发应规划先行，用规划做指导，各方面携手合作，以保证旅游发展与环境和谐。

旅游景区规划时要考虑旅游资源状况和特性及分布，旅游者类别及需求特征，旅游环境容量大小，旅游区生物多样性程度和保护条件及自然资源的可持续利用，旅游区各方面的公平发展与各方利益等。在不破坏生态旅游环

境基本原则指导下,分析生态旅游区的重要性,进行功能分区,选择适合动物栖息、植物生长、旅游者旅游和居民居住的各种规划方案,充分利用河、湖、山、绿地和气候条件,为旅游者创造优美景观,为当地居民创造舒适、卫生、静谧的居住环境。

（三）制定有利于旅游环境保护的政策

政策往往是发展的先导,是进行管理的前提和条件,因此旅游发展政策是进行生态旅游环境保护和治理的重要条件。

1. 经济政策

根据旅游业在当地经济、社会发展中的定位,为维护美丽景观和田园特色及"原汁原味"的生态系统,实现旅游的持续发展,一些对环境资源有破坏作用的产业,即使经济效益再高,也不应批准投资;而对于农业生态系统的初级生产部门和野生动植物园的开发部门,虽然短期经济效益不高,但其发展有利于提高景观生态多样性,增强地方田园特色,可长期吸引更多生态旅游者,应是当地政府重点支持发展的产业部门。

2. 环境政策

旅游的基础在于良好的旅游资源和环境,旨在促进区域发展的同时,实现环境良性循环。为预防景区开发可能引发的环境退化、污染、破坏等,在制定旅游规划时,务必弄清其潜在的环境影响,对拟开发的每一个旅游项目（产品）都要进行环境影响评价,对不符合环境标准的项目坚决予以取缔;对建成运营的项目,根据国家或地方有关环境法规征收环境税或排污费,引导、调控旅游项目的投资开发方向。

3. 技术政策

要通过设立技术指标来限定旅游开发所引起的不良环境影响。这种技术指标可在项目审批、旅游规划、审计与监督时作为依据与限制条件。技术标准有国家级相关技术标准、地方技术标准。由于大众旅游发展历史不长、实践时间有限,同时景区的环境承载力又因自身的情况和旅游者的素质不同而异,技术标准制定有一定的难度。可以参照国外的标准及其他行业有参考价值的国家技术标准,比如景区的水质标准可借用国家一级水质标准的指标来衡量。

4. 社会政策

景区的开发应充分考虑当地居民的利益,使景区开发得到当地居民的支持,从而改变当地居民以往那种对景区资源物质性索取的利用方式,并使之成为资源与环境的配合者和主动保护者。旅游景区开发要尽量不损害当地的社会文化价值和民族生活习俗等。

（四）认真进行环境影响评价和环境审计

1. 环境影响评价与环境审计

（1）环境影响评价

环境影响评价又称为环境效应评价（Environmental Impact Assessment，EIA），是进行环境预防管理的有效方法。EIA 是对由于实施某些项目，而对地球的生物物理环境和人类的健康及福利产生的各种可能后果进行辨识，并在能够实际影响决策的阶段向负责该项目的有关人员或机构传递其分析结果的过程。EIA 原来主要指开发项目对自然环境的生物和物理要素产生的影响，现在具有更广泛意义——将环境理解为由生物、物理、社会、经济、文化诸要素共同组成的一个复杂有机系统。EIA 是一个包括行政管理部门、环保部门、公众参与决策的过程。

（2）环境审计

环境审计（Environmental Audit）是环境质量管理法制化的产物，是现代审计制度的一个重要组成成分。自 20 世纪 70 年代，环境审计在西方国家的一些企业首先得到成功运用之后，许多国家最高审计机关也在一定范围内试行了环境审计，从而引起了国际审计界的广泛注视。1995 年，最高审计机关国际组织在开罗召开第 15 届大会，把环境审计列入主要议题，并作为第一主题纳入《开罗宣言》，引起了全世界的广泛重视。

环境审计既是审计监督体系的一个分支，又是环境管理的有效工具。它是审计主体（包括国家审计机关、社会审计组织和具有审计师资格的人员）依法对被审计单位（企业、行政、事业单位）的开发活动、政策和环境行为进行的，评价其是否遵从已制定的环境规章、制度、标准和政策的一种审查活动。审计的内容包括：国家环境政策和项目的审计；政府部门和国有、私有企业（公司）对国家环境法律、法规的执行情况；评估国家和地方政府现有及拟议中的环境政策和项目对环境的影响；其他开发行为的环境政策和项目对环境的影响等。

环境审计的程序是：评价——确定被审计对象的实际状况；检验——比较被审计对象的实际状况与预测值之差异；确认——确认比较结果。

（3）环境影响评价与环境审计的关系

环境影响评价注重科学的预测，重点剖析经济活动与环境变化的关系规律，判断项目的可行性（包括项目内容、性质、规模和选址等），并提出切实可行的环境保护方案。环境审计则是着重评估项目运作中的实际环境表现，比较预测值与现实值之差异,从而确定项目成功与否。

2. 旅游开发活动的环境审计

将环境审计应用于旅游开发中,目前尚未见到有关报道。这一方面是由于人们认识上还未统一,一般认为环境影响评价已足够;另一方面环境审计本身无论概念还是手段、方法均还不完善,加上缺乏有效的机制和权威机构,环境监测数据难以配套等限制因素的存在,因此目前将环境审计应用于旅游业中还不成熟。但是,作为旅游业可持续发展的重要保障手段,环境审计逐步成熟,应用于旅游业已是大势所趋。

(1) 旅游环境审计的概念

旅游环境审计 (environments auditing of tourism development) 是指审计机构或人员依法对旅游开发单位 (或个人) 进行的有关经济活动、环境管理与生态保护的真实性的评价和检查。其性质与环境审计的一般特征相一致。

(2) 旅游环境审计的内容

①对旅游环境管理条例及其实施情况的审计。
②对旅游规划和旅游保护规划方案及其实施情况的审计。
③对旅游产品的环境合法、合规性审计。
④对旅游建设实施情况的审计。
⑤对旅游开发中的环境负债审计。
⑥对旅游交易和旅游商品开发的环境负债审计。
⑦对旅游开发外部不经济性的审计。
⑧对旅游开发政策,遵守国际、国家和地区条约情况的审计等。

最终目标是实现区域旅游的可持续发展,保证环境、经济、社会的效益的全面提高。

(3) 旅游环境审计的具体目标

①揭示旅游开发过程中出现的环境问题,明确责任。
②检查生态环境保护规划的执行情况、执行效果,存在的问题及其原因。
③科学估算旅游开发引起的环境污染、生态破坏、社会损失的经济价值(包括直接损失、间接损失、区内损失和域外损失)。
④评价环境管理系统的健全性和实施效率。
⑤建立健全旅游业环境会计核算制度,提高企业领导者和员工的环境保护意识和环境危机感等。

近年来,新的法律、技术和设备不断出现,使环境保护、管理、规划有了长足进步。随着公众对环境问题日益关注及对可持续发展战略的广泛支持,环境影响评价和环境审计也将为生态旅游的环境保护、规划和管理提供有效方法。

（五）实施生态管理

旅游管理者往往是生态旅游资源和环境保护的引导者和监督者，对其进行生态环境教育是发展生态旅游的要求。旅游管理者在接受生态环境教育后，会重视生态旅游资源普查与科学评价，组织制定生态旅游发展纲要和规划，确立生态旅游发展的基本策略、方向、目标、重点和实施步骤及相应措施，营造旅游的协调管理与保护机制，为生态旅游企业和旅游者传递有关生态旅游与生态旅游环境保护信息。旅游管理者在有较好的生态环境意识后，会组织或支持研究、制定或接纳某些保护环境的生态旅游标准。

（六）对旅游者进行生态环境教育和管理

对旅游者和潜在旅游者在旅行前进行生态旅游环境意识教育，如开办自然学校对青少年进行生态环境保护教育，增加环境意识，建立生态博物馆，进行生态导游等，使他们懂得作为一个旅游者，特别是生态旅游者必须履行的生态义务、奉行的生态道德，提倡生态文明。

对旅游者可进行保护生态旅游环境的技术引导，这一工作可从以下几个方面进行：

在旅游区内设立具有环境意识教育功能的基础设施，如位于生态环境景观旁边的科学解说系统，提醒旅游者注意环境卫生的指示牌；利用多种媒体，使旅游者接受多渠道的环保意识教育，包括在门票、导游图、导游册上添加生态知识和注意事项；增加旅游商品中的生态产品；增加具有生态保护意义的交通工具；采取一定的奖惩手段；提供"取走的只有照片，留下的只有脚印"行动的废品收集器；等等。

对旅游者旅游活动进行空间上的区划引导和时间上的分流引导。在空间区划上，一方面，充分利用道路、池塘、天然小径、停车场、厕所、饮食店及信息中心等设施的布局，引导旅游者分流；另一方面，实施按保护要求进行景区保护区划（功能区划）的模式，如中国的核心区、缓冲区、外围区等分区模式，或可借鉴像加拿大国家公园的特别保护区、野生环境区、自然环境区、游憩区、服务区的模式。根据各层次的特点，在有关地点设立解说词，对分区导流、实现旅游者生态管理有较大作用。在时间分流引导上，通过一定开发手段、经济手段调节旅游者流量与流向也较为有效，如开发适合淡季的旅游项目，实行淡、旺季旅游价格（包括交通费、门票、食宿费等）浮动调节，向到生态旅游区的旅游者征收较高超常能源和资源使用税及排污费，分散假期等。

法律手段往往是管理的有力手段。景区应依照现有法规条例，如《中华人民共和国环境保护法》《中华人民共和国森林法》《风景名胜区管理暂行条例》等,结合景区实际进行管理,对破坏生态旅游资源和环境且违反有关法规的旅游者追究法律责任。

此外,在旅游区建立定位与半定位观测站、点,对生态旅游环境进行跟踪观察研究,以确定其生态旅游环境容量、注意生态环境的变化,以便采取适当的对策与措施。

三、对社会文化影响的调控

旅游发展对当地社会与文化有正面与负面的影响。对负面的影响应采取有效的措施加以调控,使其尽量减少。目前,国内的研究集中在旅游产生的负面影响的调查分析上,但这方面的调查案例也不多。对社会文化影响调控一般可采取如下措施:

(一)进行科学合理的旅游规划,并将规划的实施进行到底

在充分了解旅游资源与地方文化、有足够群众基础的前提下,做出科学合理的旅游规划,将旅游带来的负面影响框定在合理的范围之内。规划要预先设计一套能保障其实施的机制。

(二)进行地方文化的科学研究与抢救,使地方文化发扬光大

地方文化中有些内容历史久远,往往保存不是很完整,或有某种失真,应借助旅游开发的挖掘加以抢救,并研究在旅游开发的情况下如何继承与发展地方文化。

(三)以教育来使地方民众增加民族文化自豪感,使旅游者尊重地方文化

在一些经济落后的地方,当地民众很容易产生文化自卑感,这种自卑感的产生使他们直接把经济的差距当成了文化的差距。实际上,经济的差距不一定代表文化的差距,现代经济发达的地区,恰恰丧失了人类所需要的本质的东西——社会的和谐与彼此关爱。这正是传统文化区普遍具有的特性。让当地民众认识到他们文化中所保留的人的本性所向往的东西,而增加他们对自身文化的自豪感。同样,也应该让游客了解到经济的优势不等于文化的优势,应该为保存有这些地方文化感到庆幸,从而自觉爱护它们。

一般而言,某一旅游地快速发展的前期,由于旅客与社区居民交流较多,尽管游人数量不多,但引起的社会文化变化程度较高;而成熟的旅游区受外部影响较小。

第四章 旅游需求与旅游供给

第一节 旅游需求分析

一、旅游需求的概念

需求,是指人们在一定条件下对某种事物渴求满足的欲望,是产生人类一切行为的原动力。当人们产生对休闲、度假、游览、观光等旅游欲望时,则意味着人们将产生旅游需求。因此,从旅游经济的角度看,旅游需求就是指人们为了满足对旅游活动的欲望,在一定时间和价格条件下,具有一定支付能力可能购买的旅游产品的数量。简言之,旅游需求就是旅游者对旅游产品的需求。正确理解这一概念,必须掌握好以下几点:

(一)旅游需求表现为旅游者对旅游产品的购买欲望

旅游需求作为旅游者的一种主观愿望,其表现为旅游者对旅游活动渴求满足的一种欲望,即对旅游产品的购买欲望,是激发旅游者的旅游动机及行为的内在动因。但旅游需求并不是旅游者实际购买的旅游产品数量,它只表现为对旅游产品的购买欲望,而这种购买欲望能否实现则取决于旅游者的支付能力及旅游经营者提供旅游产品的数量。

(二)旅游需求表现为旅游者对旅游产品的购买能力

购买能力是指人们在其收入中用于旅游消费支出的能力,即旅游者的经济条件。旅游者的经济条件,通常是用个人可支配收入来衡量的。在其他条件不变的情况下,个人可支配收入越多,则人们对旅游产品的需求就越大。此外,一定的旅游产品价格也是影响旅游者购买能力的重要因素。因此,旅游者对旅游产品的购买能力,不仅表现为旅游者消费旅游产品的能力及水平,而且是旅游者的购买欲望转化为有效需求的重要前提条件。

（三）旅游需求表现为一种有效需求

在旅游市场中，有效的旅游需求是指既有购买欲望，又有支付能力的需求，它反映了旅游市场的现实需求状况，因而是分析旅游市场变化和预测旅游需求趋势的重要依据，也是旅游者制定经营计划和策略的出发点。凡是只有旅游欲望而无支付能力或者只有支付能力而无旅游欲望的需求均称为潜在需求。前一种潜在需求只能随社会生产力发展和人们收入水平提高，才能逐渐转换为有效需求。后一种潜在需求则是旅游经营者应开发的重点，即通过有效的市场营销策略，如广告、宣传、人员促销等，使其能够转换为有效的旅游需求。

二、旅游需求的产生

现代旅游需求的产生，既有主观因素，也有客观条件。从客观上讲，旅游需求是科学技术进步、生产力提高和社会经济发展的必然产物。其中，人们可支配收入的提高、闲暇时间的增多及交通运输条件的现代化是产生旅游需求的三要素。

（一）人们可支配收入的提高是产生旅游需求的前提条件

可支配收入，是指人们从事社会经济活动而得到的个人收入扣除所得税的余额，是人们可以任意决定其用途的收入。随着社会经济的发展，人们的收入增加，生活水平不断提高，消费层次和消费结构也发生很大的变化，导致对旅游需求也日益增加。一般讲，在人们可支配收入一定的条件下，人们用于衣、食、住、行及其他方面的支出比例基本不变。但是，随着人们可支配收入的增加，人们用于衣、食、住、行等方面的支出就会相对减少，而用于其他方面的支出则相对增加。因此，人们可支配收入的提高不仅是产生旅游需求的前提，而且对旅游的出行距离及内容等也具有决定性影响作用。

（二）人们闲暇时间的增多是产生旅游需求的必要条件

旅游活动必须花费一定的时间，没有时间就不能形成旅游行为，因而闲暇时间是构成旅游活动的必要条件。随着社会生产力发展和劳动生产率的提高，使人们用于工作的时间相对减少，而闲暇时间则不断增多。特别是许多国家和企业推行"每周五日工作制"和"带薪假日"，使人们的闲暇时间越来越多。有的国家和地区年休假日高达140天，占全年三分之一的时间。于是，人们不仅产生短期休闲旅游，以度过美好的周末；而且逐渐增加远程旅游及国际旅游，到世界各地游览、观光，到风景名胜区消闲度假。因此，闲暇时间的增加是产生旅游需求必不可少的条件。

（三）交通运输的现代化是旅游需求产生的"催化剂"

任何旅游活动都离不开一定的交通运输条件，特别是远程旅游及国际旅游，更要求交通运输条件的舒适和方便。现代科学技术的进步，为人类提供了便利的交通运输条件，从而促进了旅游需求的产生和旅游业的发展。现代航空运输业的发展，极大地缩短了旅游的空间距离；大型民航飞机、高速公路、空调客车、高速列车等交通运输的现代化，促使旅游者在旅游活动过程中的空间移动更加舒适、方便和安全。交通运输的现代化不仅有效地刺激了人们的旅游需求，"催化"人们的旅游行为，而且缩短了旅途时间，减少了途中的劳累及单调，又进一步加快了国际旅游业的发展，使旅游业进入一种全球化发展的新趋势。

从主观上讲，在上述客观条件的基础上，由于人们的兴趣爱好及所处环境的差异，也会使人们产生各种各样的旅游需求。美国心理学家马斯洛分析了人们的需求有五个层次，即生理需求、安全需求、社交需求、自尊需求和自我实现需求。随着低层次需求得到一定满足，人们就会追求高层次的需求，而为满足高层次社交、自尊及自我实现的需求，就会激发人们的旅游需求，例如探亲访友、考察学习、疗养度假、旅行观光、览胜探奇等。总之，不论是主观因素还是客观条件，它们都是引起人们旅游需求的动因。因此，分析这些因素和条件，不仅知道旅游需求产生的内在必然性，还可以分析和预测旅游需求的发展及变化趋势。

三、旅游需求的影响因素

旅游需求除了受到收入水平、闲暇时间及交通条件的直接作用外，还是在政治、经济、文化、法律、自然、社会等各种因素的影响下而形成的一种复杂的社会经济现象。因此，要很好地了解旅游需求状况，把握其发展趋势，还必须对影响旅游需求的各种因素进行分析和研究。通常影响旅游需求的主要因素有人口因素、经济因素、社会文化因素、政治法律因素、旅游资源因素等。

（一）人口因素

人口是影响旅游需求的最基本因素之一，因为旅游本身就是人的一种行为。因此，人口的数量、素质、分布及构成对旅游需求产生着重要的影响，从而形成不同的旅游需求规模和结构。人口的数量、素质及其变化影响着旅游需求量的变化。通常一个国家人口数量大，参与旅游的人数则多，从而对旅游产品的需求量也相应增多。人口素质也同旅游需求密切相关。一般来讲，具有一定的文化知识且素养较高的人，能够产生更多的旅游需求。人口分布的城乡状况也对旅游需求产生影响。一般讲，城市居民要求旅游的数量要比农村多得多。首先，由于城市居民收入一般比乡村居民较高，具有产生旅游需求的经济基础；其次，城市便捷的交通、灵敏的信息及其他条件，也促使城市居民的旅游需求也高于农村。人口的年龄、性别及职业构成也影响着旅游需求的产生及发展。青少年精力充沛，渴望外出旅游，但由于受经济收入的限制，消费能力不足；中年人虽然具有稳定的工资收入及带薪假日，但又受家庭拖累；老年人既有经济收入，又无家庭拖累，但又常常受身体健康条件限制。从人口性别上看，一般男性旅游者人数比女性旅游者要多。从职业构成看，由于人们的工作性质不一样，从而人们的收入水平、闲暇时间及公务出访机会也不一样，从而产生不同的旅游需求。通常，公务员、企业家、商务人员及自由职业者出差的旅游机会较多，科技人员、教师及医务人员进行学术交流机会较多。

（二）经济因素

经济条件是产生一切需求的基础，没有丰富的物质基础和良好的经济条件，旅游需求便不可能产生。因此，国民经济发展水平、人们收入分配、旅游产品价格、外汇汇率等都直接和间接地影响着旅游需求的规模及结构。

国民生产总值（GNP），是指一个国家（或地区）在一定时期内所生产的最终产品和提供的劳务总量的货币表现，它反映了一个国家（或地区）在一定时期内整个社会物质财富的增加状况，是衡量经济发展水平的重要指标。从旅游经济角度看，如果旅游客源国的国民生产总值高，则旅游需求就会增加，旅游的规模和结构就相应提高；如果旅游接待国的国民生产总值高，则旅游设施及接待条件就相应较好，从而吸引旅游者及刺激旅游需求的能力就强。因此，不论是旅游客源国还是旅游接待国的国民生产总值的提高，都会刺激旅游需求不断增加。

在现实社会经济中，人们的收入水平及可支配收入状况也影响着旅游需求的变化。一方面，旅游需求随着人们的收入变化而呈正相关变化。当人们收入越多，则旅游需求就越多；当人们收入减少，则旅游需求也会下降。因而，收入水平是影响旅游需求的数量因素。另一方面，在总收入不变的前提下，人们可支配收入的多少不仅影响旅游需求的数量，而且会影响旅游需求的结构，即随着旅游者用于旅游消费支出的增加，对某些旅游产品内容的需求会增加，而对另一些旅游产品的需求会减少。

从价格和汇率方面看，旅游需求与价格具有负相关关系。当旅游产品价格上升，旅游需求量就下降；当旅游价格下跌，旅游需求量就会上升。另外，在国际旅游中，汇率变化对旅游需求的影响表现在：当旅游接待国的货币升值，则前往该国的旅游者或旅游停留时间就减少；反之，当旅游接待国的货币贬值，则促使前往该国的旅游需求增加。可见，汇率变化不一定会引起国际旅游总量增加或减少，但是会引起对货币升值的接待国家的旅游需求减少，而对货币贬值的接待国家的旅游需求增加。

（三）社会文化因素

世界上不同国家具有不同的文化背景，从而在价值观念、风俗习惯、语言文字、宗教信仰、美学和艺术等方面存在着差异，进而影响到对旅游产品的需求，使旅游活动的感受也有较大的差异。因此，在研究旅游需求时，就必须注意分析前来的旅游者所在不同国家或地区的社会文化差异性，以及对由于社会文化因素影响所形成的消费习惯和需求心理，尽可能适应旅游者的消费习惯和爱好，投其所好、避其所忌，才能促使旅游需求不断增加。

（四）政治法律因素

政治稳定性是激发旅游需求，促使旅游需求不断增加的重要因素。不稳定的政治环境，往往使旅游者要承担各种风险，从而造成旅游者的心理压力而使旅游需求下降。因此，旅游接待国的政局稳定，则对该国旅游产品的需求量就多；反之，则对该国旅游产品的需求量就少。有时，在一个旅游圈域内某一国家的政局不稳定，还会波及周围国家及整个旅游圈的旅游需求普遍下降。此外，旅游接待国的有关法律、法规及执行情况，也对旅游需求产生着直接和间接的影响。

（五）旅游资源因素

旅游资源是吸引旅游者的旅游对象物，是一个国家或地区的自然风貌和社会发展的象征，体现着该国家或地区自然、社会、历史、文化及民族的特色，从而对生活在其他国家或地区的人们产生着吸引力。因此，根据现代人类多样化需求而发掘形成的旅游资源，正成为影响世界经济社会发展的新型战略性资源。一方面，随着人们对资源认识和利用向深度及广度发展，各种各样的旅游资源正被认识和发掘，并刺激人们旅游需求的产生；另一方面，各种自然旅游资源及人文旅游资源能否直接或间接地转化为经济优势，并带来经济收入，则是在旅游进入现代生活之后才带来肯定的答复，并随着旅游

旅游景区开发与区域经济发展

业的发展而释放出巨大的经济能量。可见，旅游资源与旅游需求相辅相成，旅游资源刺激旅游需求产生；而旅游需求则促使旅游资源转换成经济优势，二者相互影响、相互作用和相互促进。

四、旅游需求规律

旅游需求的产生和变化受多种因素的制约和影响，但对旅游需求具有决定性影响的因素主要是旅游产品的价格、人们的收入状况及闲暇时间。

（一）旅游需求量与旅游产品的价格成反向变化

旅游产品价格是决定和影响旅游需求的基本因素。在影响旅游需求的其他因素不变情况下，旅游需求量总是随旅游产品价格的涨落而发生相应的变化。当旅游产品价格上涨时，旅游需求量就会下降；当旅游产品价格下跌时，旅游需求量就会上升。

（二）旅游需求量与人们收入成同方向变化

人们的可支配收入与旅游需求也有着密切的联系。因为旅游需求是一种有效需求，而有效需求必须是具有支付能力的需求。如果人们仅有旅游欲望而无支付能力，是不可能形成有效需求的。通常，人们可支配收入越多，对旅游产品的需求就越大。因而人们可支配收入同旅游产品之间存在着正相关变化的关系。

（三）旅游需求量与人们的闲暇时间成同方向变化

旅游产品的消费是一种特殊的消费，必须占用一定的时间。尽管人们的闲暇时间并不属于经济的范畴，但它同旅游需求也具有密切的联系。闲暇时间不仅对旅游需求的产生具有决定性作用，而且直接影响着旅游需求量的变化。当人们的闲暇时间增多时，旅游需求量就相应增加；当人们的闲暇时间减少时，旅游需求量就相应减少。因而旅游需求同闲暇时间的关系就像旅游需求同可支配收入的关系一样，也呈同方向变化。

（四）旅游需求水平受其他影响因素而变动

旅游需求除了与旅游产品价格呈反向变化外，还受其他各种因素影响而变化。在旅游产品价格既定条件下，由于其他因素的变动而引起的旅游需求变化，称为旅游需求水平的变化。

第二节 旅游供给分析

一、旅游供给的概念

供给是指厂商在一定条件下愿意并且能够提供某种产品的数量。从旅游经济的角度看,旅游供给是指在一定时期和一定价格水平下,旅游经营者愿意并且能够向旅游市场提供的旅游产品数量。正确认识和理解旅游供给的概念,必须掌握好以下几点:

(一)旅游供给是以旅游需求为前提条件

旅游需求是旅游供给的基本前提条件,旅游生产经营单位和部门,必须以旅游者的需求层次和需求内容为客观要求,建立起一整套适应旅游活动需要的旅游供给体系,保证提供旅游活动需要的全部内容。一方面,人类的需求总是以一定的物质作为基础的,旅游供给的资源和设施就是旅游需求的物质基础;另一方面,旅游又是一种社会生产活动,旅游供给要以旅游需求作为立足点和依据。在提供旅游产品的时候,要对旅游需求的动向、内容和层次进行必要的调查研究和预测,结合制约旅游供给的其他条件下制定计划,组织旅游产品生产,达到实现旅游供给的目的。

(二)旅游供给必须是愿意并有可供出售的旅游产品

虽然旅游需求决定了旅游供给的方向、数量和质量,这仅仅是一种前提条件。要真正体现旅游供给,必须同时具备旅游经营者愿意出售并有可供出售的旅游产品。这种旅游供给同旅游需求一样,是相对于旅游产品的价格而言,即在特定的价格下,总有特定的旅游产品供给量与之相对应,并随着价格的变动而相应变动。同时,旅游产品的供给还不仅仅是单个旅游产品数量的累加,而是综合地反映了旅游产品的数量多少、质量高低。因此,要提高旅游供给,不能只抓旅游产品的数量,更重要的是提高旅游产品的质量,要在独特的自然与人文旅游资源的基础上,注重提高服务质量和旅游设施水平,才能增加有效供给,更好地满足市场的需求。

（三）旅游供给包括基本旅游与辅助旅游供给两大类

基本旅游供给，是指一切直接与旅游者发生联系，使旅游者在旅游过程中亲身接触和感受的旅游产品，它包括旅游资源、旅游设施、旅游服务和旅游购物等，是旅游供给的主要内容，也是旅游业的基本内容。辅助旅游供给，是指为基本旅游供给体系服务的其他设施，也称旅游基础设施，包括供水、供电、供气、污水处理、供热、电信和医疗系统，以及旅游区地上和地下建筑，如机场、码头、道路、桥梁、铁路、航线等各种配套工程。其特点是，它除了为旅游者提供服务外，还为非旅游者提供服务。基本旅游供给与辅助旅游供给的划分具有约定俗成的相对性。例如，旅游区内的交通常常划入基本旅游供给范围，而旅游区以外，且到达旅游区必须经过的交通则划归于辅助旅游供给。

二、旅游供给的特点

旅游供给是一种特殊的产品供给，具有其自身的特殊性。这种特殊性是由旅游产品的特性所决定的，主要表现在以下几方面：

（一）旅游供给的不可累加性

旅游产品的综合性特点表明，旅游供给是由多种资源、设施与服务要素构成的，并且这些多种构成要素具有异质性的特点，因而旅游供给不能用旅游产品数量的累加来测度，只能用旅游者数量来表征，并反映旅游供给的数量及生产能力水平（容量）。至于怎样通过旅游产品的构成来测度旅游供给，则是一个需要进一步研究的课题。

（二）旅游供给的产地消费性

一般物质商品的生产是通过流通环节流出生产地，而旅游产品则是通过流通环节将旅游者请到生产地进行消费。因此，在深山老林兴建钢厂规划交通运输时，需要考虑返运物资与运出钢材的平衡。而在一般情况下，进出旅游景点的人数是相等的，不必考虑运输的平衡。重点是考虑旅游景点、景区的环境容量及接待能力，其直接影响着旅游供给的数量和水平。

（三）旅游供给的持续性

通常，一般物质产品的供给可通过再生产而持续不断的供给，但是若再生产停止，则物质产品的生产与供给也就停止。但旅游产品的生产供给则不一样，无论是景点、景区建设，还是宾馆、饭店，一旦建成就能在较长一段时间内持续供给，有的甚至可以永续利用；但是旅游产品一旦遭受破坏，则较一般物质产品要严重得多。因为一般物质产品生产工厂的破坏可通过另建新厂来恢复供给，而旅游景点的破坏可以使该种旅游供给能力永久丧失。

（四）旅游供给的非储存性

旅游供给的非储存性是由于旅游产品生产与消费的同一性所决定。一般物质产品可把产品储存作为调节供需矛盾的手段，对旅游产品来讲，由于旅游产品生产、交换与消费的同一性，旅游产品不能储存，因而产品储存对调节旅游供需矛盾已失去意义，实际操作中有意义的只是旅游供给能力的储备，而并非旅游产品供给的储备。

（五）旅游供给的个体性

因为旅游产品的使用价值在于满足人的心理和精神的需要，这种需要千差万别，所以旅游供给具有个别供给的特点，即使采用组团旅游的方式来提高规模效益，也要注意满足团队中个别旅游者的特殊需求。因此，旅游供给的多样性较之于物质产品供给更为重要。

三、旅游供给的影响因素

在旅游经济中，凡是使旅游供给增加或减少的因素都视为旅游供给的影响因素。在一定时间内，旅游供给可以不发生变化，但并不能说明影响因素没起作用，而常常是影响旅游供给增加和减少的因素作用刚好抵消。影响因素表现的形式十分广泛，有系统内的，也有环境的；有直接的，也有间接的；有可控的，也有不可控的；有确定的，也有随机的；有单一的，也有综合的；有自然的，也有社会的……而且还可根据系统的层次逐一细分。要全面分析众多的影响因素是不可能的，在实际工作中，旅游供给的影响因素主要有以下几方面：

（一）旅游资源及环境容量

旅游供给的基本要素是旅游资源，而旅游资源是在特定的自然和社会条件下所形成的，是旅游经营者不能任意改变的。旅游经营者只能把旅游资源优势作为旅游供给和旅游经济增长的依托点，以市场为导向，通过对旅游资源的合理开发，向旅游市场提供具有特色的旅游对象物，实现旅游资源优势向经济优势转换。因此，旅游资源不仅决定着旅游产品的开发方向和特色，而且影响着旅游供给的数量和质量。

此外，旅游目的地的环境容量也在很大程度上决定和影响着旅游供给的规模和数量,因为任何旅游目的地容纳的旅游者的数量总是有限度的。如果旅游者超过了旅游目的地的容量,不仅会造成对自然环境的破坏和污染,而且会引起当地居民的不满,甚至产生一系列社会问题,这样又会直接影响旅游产品对旅游市场的吸引力。因此,旅游资源状况及环境容量是直接影响旅游供给的重要因素之一。

(二)旅游产品和相关产品的价格

旅游供给直接受旅游产品价格的影响。当旅游产品价格提高,则旅游经营者在同样的成本投入中可获得更多的利润,因而会刺激旅游经营者增加旅游供给量;反之,当旅游产品价格下降,则会导致旅游经营者的利润减少,从而会减少旅游产品的供给量。因此,旅游供给的规模和数量直接受到旅游产品价格变化的影响,并与旅游价格呈相同方向变化。

旅游产品的供给量除了受自身价格变化的影响外,还会间接地受其他相关产品价格变化的影响。例如,如果飞机票涨价,而旅游目的地的旅游价格不变,则意味着旅游产品的相对价格降低了,从而相对利润也随之减少,于是必然引起社会要素资源的重新配置,进而影响到旅游产品供给量的变化。

(三)旅游生产要素的价格

生产要素价格的高低直接关系旅游产品的成本高低。尤其旅游产品是一个包含食、住、行、游、购、娱多种要素在内的综合性产品,各种要素价格的变化必然影响到旅游产品供给的变化。在旅游产品价格不变的情况下,若各种要素价格提高了,则必然使旅游产品的成本增加而利润减少,于是引起旅游产品供给量也随之减少。反之,若各种要素价格降低,则使旅游产品成本降低而利润增加,于是刺激旅游产品供给量随之增加。因此,旅游生产要素价格也直接对旅游供给产生着重要的影响作用。

(四)社会经济发展水平

旅游业不仅是一项综合性经济产业,也是一项依赖性很强的产业。因为旅游业的健康发展离不开社会生产力的发展,它需要在社会现有的经济发展基础上为旅游业提供必需的物质条件,才能形成旅游的综合接待能力,才能提供一定数量和质量的旅游产品。如果社会经济发展水平低,就不能保证旅游供给所需的各种物质条件。因此,社会经济发展的状况和水平不仅为旅游供给提供各种物质基础的保证,而且在一定程度上决定着旅游产品的供给数量和质量。

（五）科学技术发展水平

科学技术是第一生产力，是推动社会经济发展的强大动力，也是影响旅游供给的重要因素之一。科学技术进步为旅游资源的有效开发提供科学的手段，为形成具有特色的旅游产品提供科学方法，为保护旅游资源、实现旅游资源的永续利用提供科学依据，并为旅游者提供具有现代化水平的完善的接待服务设施，为旅游经济发展提供科学的管理工具和手段。从而增加有效的旅游供给，加速旅游资金的周转，降低旅游产品成本，提高旅游经济效益。

（六）旅游经济发展的方针和政策

旅游目的地国家或地区有关旅游经济发展的方针和政策，也是影响旅游供给的重要因素之一。特别是有关旅游经济发展的战略与规划，扶持和鼓励旅游经济发展的各种税收政策、投资政策、信贷政策、价格政策、社会文化政策等，不仅对旅游经济发展具有重要的影响作用，而且直接影响到旅游供给的规模、数量、品种和质量。因此，旅游方针、政策是决定旅游供给的重要因素，是不断提高旅游综合接待能力的生命线，也是促进旅游经济发展的重要力量。

四、旅游供给规律

从以上分析可以看出，旅游供给的变化受多种因素的影响和制约，不同的因素对旅游供给的变化具有不同的影响，并形成一定的规律性，概括起来主要有以下几方面。

（一）旅游供给量与旅游产品价格呈同方向变化

旅游产品价格不仅是决定旅游需求的基本因素，也是决定旅游供给的基本因素。在其他因素不变情况下，当旅游产品价格上涨，必然引起旅游供给量增加；当旅游产品价格下跌，必然引起旅游供给量减少。

（二）旅游供给能力在一定条件下的相对稳定性

旅游供给量与旅游产品价格的同方向变化并非是无限制的，事实上由于旅游供给的特点及有关影响因素的作用，使旅游供给能力在一定条件下是既定的，从而决定了旅游供给量的变动是有限的。所谓旅游供给能力，就是在一定条件下（包括时间和空间等），旅游经营者能提供旅游产品的最大数量。由于旅游供给的不可累加性及环境容量的限制，决定了旅游供给在一定时间、一定空间条件下，其供给量必然受到旅游供给能力的制约。一旦达到旅游供给能力，即使旅游产品价格再高，旅游供给量也是既定不变的。

（三）旅游供给水平受其他影响因素而变动

旅游供给变化不仅受旅游产品价格变动影响，也受其他各种因素的影响。在旅游产品价格既定条件下，由于其他因素的变动而引起的旅游供给变动，称为旅游供给水平的变动。

第三节 旅游供求平衡

一、旅游供给与需求的矛盾运动

旅游供给与旅游需求既互相依存又互相矛盾，它们通过旅游产品价格这一中介有机地结合起来，从而形成了旅游供给与旅游需求相互依存和相互矛盾的运动规律。

从旅游供给与旅游需求的相互依存关系看，一方面旅游供给虽然受许许多多的影响因素制约，但归根结底最基本的影响来自旅游需求。旅游供给的规划和发展都要以旅游需求为前提，离开旅游需求所制定的供给，发展必然是盲目的。此外，自然和社会等各种因素对旅游供给的影响，往往也就是对需求的影响，或者是通过抑制旅游需求来限制旅游供给的发展。另一方面，旅游供给又是旅游需求实现的保证，它提供旅游需求以具体的活动内容。如果没有旅游供给的不断发展，旅游需求将永远停留在旅游的自然风光观赏水平上。从总体上看，旅游供给源于旅游需求，但在旅游业发展到一定程度之后，旅游供给又能激发旅游需求，产生旅游需求，促使人的旅游需求内容不断扩大以及水平不断提高，从而改善人们的生活质量。

从旅游供给与旅游需求的矛盾关系看，其主要表现在质量、数量、时间、空间和结构等方面的矛盾冲突。

（一）旅游供给与需求质量方面的矛盾

由于旅游供给的发展是以旅游需求为前提，所以供给的发展滞后于需求。在一定历史发展阶段的生产力水平上，与旅游资源相关联的设施、服务形成之后，它们的水平也就确定了，而人的需求内容、水平却在不断变化。旅游供给要跟上旅游需求内容、水平的变化，就需要一定的资金投入和建设时间；此外，受社会价值准则和道德规范的限制，有的旅游需求，不能提供相应的供给。加之旅游供给也有自己的生命周期，随着设施的磨损和老化，即使不断地局部更新，也难以阻止设施在整体上的衰老，这就使旅游供给的质量下降；反之，旅游供给的规划与建设不以旅游需求为前提，超需求水平发展，会使旅游供给在近期内的效益降低，而远期因设施陈旧老化也达不到预期的效益目标。这些都是旅游供给与需求在质量方面的冲突表现。

（二）旅游供给与需求数量方面的矛盾

旅游供给与需求在数量方面的矛盾主要表现为供给能力与实际旅游者人数之间的矛盾。旅游目的地国家或地区，根据自己的社会经济条件，适应国内外旅游者的旅游需求，通过有计划有步骤地建设而形成的旅游供给能力，在一定的时间内是有限的，并具有相对的稳定性。旅游需求则随着人们收入水平的提高，消费水平与消费结构的变化而不断上升；同时，受社会政治经济状况和社会环境的制约，气候季节交替的影响，旅游需求也会相应地改变。简言之，旅游需求量具有不稳定性和随机性的特点。因此，在一定时间内，必然出现旅游供给总量与旅游需求总量之间的不平衡，形成供不应求或供过于求的状况。

（三）旅游供给与需求时间方面的矛盾

有些时间因素直接影响旅游供给能力的发挥，有些时间因素则不影响旅游供给能力，而是抑制旅游需求，造成旅游供给与需求的冲突。例如春意盎然、秋高气爽的季节，能引发人们到各风景区旅游观光；而隆冬季节，冰灯冰雕、滑雪冬泳则成为人们旅游需求的项目；至于炎热夏天，避暑胜地又供不应求了。又如节假日使旅游区比其他时间迎来更多的游客。而构成旅游产品的旅游设施和旅游服务，一旦相互配套，形成一定的供给能力，具有常年同一性。因此，旅游供给的常年同一性与服务的季节性是旅游供给与需求在时间方面冲突的表现。

（四）旅游供给与需求空间方面的矛盾

旅游供给与需求在空间方面的冲突表现为旅游资源在位置上的固定性和场地的有限性与旅游需求变动性的矛盾。特别是那些在国内、国际上久负盛名的旅游点，在旅游旺季，游客如云，摩肩接踵，景观因之而减色；而有的风景区因客运能力不配套，进得去、出不来，旅游者望而却步，游人寥寥无几。近年来，模拟景观旅游应运而生，如深圳的锦绣中华，北京的世界公园，只在很小程度上缓解了"热点"的空间压力。因此，积极开发各种自然景观，建设高品位的景区、景点，是缓解旅游供给与需求空间方面矛盾的重要途径

旅游景区开发与区域经济发展

和手段。

（五）旅游供给与需求结构方面的矛盾

由于旅游者的组成不同，旅游活动中的兴趣爱好各异，民族习惯、宗教信仰、支付能力的消费水准千差万别，这就形成了旅游需求的复杂多样、灵活多变的特点。而一个地区，甚至一个国家的旅游供给，不管怎样周全规划和配备，总不可能做到面面俱到、一应俱全。旅游供给的稳定性、固定性与旅游需求的复杂性、多样性之间的鲜明反差，就形成了旅游供给与需求在结构上的冲突。

以上五个方面的冲突是相互联系和相互影响的，它们共同反映了旅游供给与旅游需求矛盾不同于其他物质产品的供需矛盾的特殊性。

二、旅游供给与需求的均衡

旅游供给与需求的矛盾是绝对的，均衡则是相对的、有条件的。下面着重讨论在价格条件和季节条件下旅游供给与需求的均衡。

（一）在价格条件下的均衡

旅游供给与需求的均衡是动态的均衡。由于旅游供给一旦形成之后，使用周期较长，因为价格变动使供给下降，除了劳务部分比较容易转产外，物质设施在短期内很难拆除，因此适宜采用供给曲线与需求曲线的移动来研究供给与需求的动态均衡。为简单起见，我们假定供给曲线与需求曲线在移动时形态不变，但在实际中，曲线移动时往往伴随形态的改变。

（1）社会性物价上扬，而引起供给曲线与需求曲线均上移。

（2）社会生活结构调整，工作日数减少，休假日增加，引起需求曲线右移，则带动供给量增加，均衡价格也相应由上升到下降，均衡产量也相应增加。

（3）社会生产结构调整，如第一、二产业因生产率的提高，冗余人员转入第三产业，这时出现价格不变的条件下社会能提供更多的旅游供给。

（二）在季节条件下的均衡

如果以横坐标表示旅游供给量或需求量，纵坐标表示月份，建立平面直角坐标系并绘出旅游需求曲线与供给曲线。需求曲线根据历年来的实际数据并作适当简化，以方便计算。供给曲线实际上是曲线，为简化讨论，这里简单地看成一条直线。纯量地计算，供给曲线的设置应使供给过剩与供给不足两部分正好相等。

在实际中，由于旅游供给有"旺季"与"淡季"的区别，使供给在淡季的富余偏多，并酌情提高旺季的供给价格，以抑制旺季的部分需求，盈余填补淡季减少的收入。在制定旺季供给价格时，要考虑相应的需求价格承受力。通过"以旺补淡"，实现旅游供求的季节均衡。旅游需求量的增长，在投资及其回收条件均能满足的前提下，考虑到旅游供给的相对稳定性和旅游需求变化性的特点，使旅游供给相对超过旅游需求的水平，从而保证在一段时间内旅游供需的动态均衡。

三、旅游供求均衡的调控

实现旅游供求均衡，除了价格机制的作用外，其他一些因素也会产生一定的影响。应该在全面分析的基础上，采取多种综合措施，有效地调节旅游供给和旅游需求，从而达到旅游供求平衡。常见的调控措施和手段主要有技术手段的调控、经济手段的调控和法律手段的调控。

（一）技术手段的调控

对旅游供求进行调控的技术手段主要包括两种：一是制定科学的旅游规划；二是进行有针对性的旅游促销。

旅游规划是一种通过调节旅游供给来实现供求均衡的调控方式，是一种前馈控制。其内容包括旅游市场调查、旅游需求预测、旅游资源开发、旅游设施布局、供给规模确定、旅游区建设、相关旅游基础设施发展计划、人员培训与行业规范管理等方面。旅游规划是一种长期性的调节手段，对旅游供给的发展规模和发展速度具有较强的控制作用。

旅游促销是一种通过影响旅游需求来实现供求均衡的调控手段。由于旅游供给弹性一般较小，因而即使发生供给过剩的情况，旅游目的地也难以迅速减小其旅游供给量。面对需求不足和旅游设施的闲置，旅游目的地往往采取加强旅游促销的措施去影响旅游需求，争取更多的旅游者。作为解决供大于求这一矛盾的手段，旅游促销的特点在于其生效较快。只要促销措施得力，短期内便会得到需求市场的反应。正因为如此，它广为各旅游目的地所重视，因而也是运用最多而且最为直观最为有效的调节手段。

（二）经济手段的调控

经济手段是国家用于调节旅游经济活动的各种与价值形式有关的经济杠杆，主要有财政、税收、价格、信贷、利率等，其中较为重要的是税收政策和价格政策。调节旅游供求的税收政策涉及几个方面：一是直接面向旅游企业的税收政策，二是面向旅游者的税收政策，三是面向具体的旅游地区。在第一种情况中，如果旅游供给不足，旅游地政府可以通过对旅游企业减免征税的办法，刺激对旅游业的投资，扩大旅游供给；反之，则提高课税，控制旅游供给继续增长。在第二种情况中，如果旅游地需求过剩，人满为患，那么直接向来访旅游者征税可以有效减少旅游需求。第三种情况是指国家政府对旅游热点和冷点地区实行不同的税收政策，缓解这些地区因先天或后天因素所形成的"级差"问题。

旅游价格政策主要是指旅游目的地政府对价值规律和旅游供求规律的自觉运用，突出表现在其旅游价格政策上。通过不同的价格政策，达到对旅游供求均衡进行调控的目的。政府可以通过各种价格策略，或者迫使旅游产品价格下降，减少旅游供给；或者促使旅游产品价格上涨，扩大旅游供给，以便提高旅游供给随旅游需求而动态均衡的主动性。常见的价格策略主要有地区差价、季节差价、质量差价、优惠价、上下限价等。另外，在经济手段中，国家通过财政拨款、建立旅游发展基金、信贷、利率等经济杠杆，也可以调节旅游供给的规模和结构，促进旅游业在各地区间的均衡发展。

（三）法律手段的调控

国家的法律手段对旅游业的发展、旅游供求的平衡有宏观的影响作用。法律手段是通过国家立法从法律上来规范旅游市场，保护旅游者和旅游经营者的合法权益，保障旅游市场的正常运行和旅游活动的顺畅开展，为旅游供给与需求解决自身的矛盾问题提供良好的市场环境。法律手段是其他各种手段和措施得以发挥其供求均衡调控作用的基础。旅游目的地的旅游发展规划和发展战略要落到实处，各种旅游经济政策、经济措施、经济合同要能够贯彻执行，都离不开法律手段的支持，它对旅游供给与旅游需求的彼此适应具有间接的影响作用。

法律手段中的一些相关的法规和条例对稳定旅游供给有积极的促进作用，如《中华人民共和国文物保护法》《中华人民共和国风景名胜区管理暂行条例》《中华人民共和国森林法》《中华人民共和国食品卫生法》《中华人民共和国旅游法》等。这些法律法规的出台有利于保护旅游资源，逐步扩大旅游供给，有利于旅游业的可持续发展。法律手段中一些相关的法律法规对稳定和刺激旅游需求增长，也有明显地促进作用，如《中华人民共和国公民出境入境管理法》《中华人民共和国消费者权益保护法》《中华人民共和国旅游法》等。它们通过立法的形式，规定了旅游需求行为主体所享有的各项权利，并对旅游供给过程中的各种侵权行为予以制裁，使旅游需求主体能够放心消费，这在一定程度上也有助于调节旅游市场上的供求关系。各种法律手段还打击了假冒伪劣产品,使旅游产品走俏,价格上扬,这样资金就可能由其他行业流入旅游业中,从而使旅游供给扩大。

第五章 旅游经济结构与优化

第一节 旅游经济结构的特征及内容

一、经济结构的概念

结构是指事物或系统各组成部分的比例及构成的状况。凡有系统，必有结构，结构和系统是相互联系、互有区别的概念。结构存在于系统之中，系统由结构所组成，结构的性质特征及运行规律决定着系统的功能及特点。一个社会的经济是一个大系统，经济结构就是国民经济系统各组成部分的比例、构成及其相互联系、相互作用的内在形式与状况。

经济结构有狭义和广义之分。狭义的经济结构是指生产关系，即人们在自己生活的社会生产中发生一定的、必然的、不以他们的意志为转移的关系，即同他们的物质生产力的一定发展阶段相适合的生产关系。这些生产关系的总和构成社会的经济结构。马克思所做的这个定义，是从生产力和生产关系相互作用方面来着重研究作为生产关系总和的经济结构。而广义的经济结构则是把生产力和生产关系统一起来的社会经济结构。马克思认为，生产的承担者对自然的关系以及他们互相之间的关系，他们借以进行生产的各种关系的总和，就是从社会经济结构方面来看的社会。显然，马克思在这里讲的经济结构，既包括生产关系，又包括生产力。因此，广义的经济结构反映国民经济系统在总体上由哪些部门构成，具有哪些层次、要素和特点；反映各部门、各层次、各要素之间是如何相互关联地组成一个有机整体；反映国民经济系统内部及整体运动和变化的形式、规律及内在动力等。所以研究经济结构，有利于从经济系统的内在特征，动态地考察社会经济的运行过程和状态，从而揭示社会经济运行的规律和趋势。

二、旅游经济结构的特征

旅游业是国民经济大系统中的一个子系统,具有其自身的结构。旅游经济结构是指旅游业内部各组成部分的比例关系及其相互联系、相互作用的形式。同国民经济大系统和其他子系统相比较,旅游经济结构既有一般经济结构所具有的共同特征,又有其特有的典型特征,具体可概括为以下几点。

(一)整体性

旅游业是一个综合性的经济产业,其由食、住、行、游、购、娱等要素所组成,每种要素都体现了旅游业的一个部分或方面,是从属于旅游业这个整体的。由于各组成要素的性质和特点,使任何一个组成要素都不能代替由它们所组成的旅游经济结构。因此,旅游经济结构不是各组成要素的简单相加,而是根据旅游业整体发展的需要,按照各要素之间相互联系、相互作用的特点和规律性,形成合理的比例及构成状况,从而发挥出旅游经济的综合性功能。

(二)功能性

结构和功能是密切相关的,结构决定功能,功能又促进结构的变化。不同的经济结构会产生不同的功能,以及不同的属性和效益。例如,我国传统的旅游经济结构是以观光型旅游为主的,因此其属性、功能及效益也是同观光型旅游相联系的。随着社会经济的发展,人们的旅游需求有了新的变化,要求从观光型旅游向度假、娱乐型旅游发展,必然要求对旅游经济结构进行调整,以提供满足人们新需求的功能。因此,判别旅游经济结构功能好坏的标准,就是看这种旅游经济结构能否形成一种自我协调、具有充分活力的经济系统,从而能够有效地提供满足人们不断变化需求的功能,促进社会生产力的发展。

(三)动态性

由于旅游经济系统各要素、各部门及其相互关系是不断变化的,因此旅游经济结构也是不断发展变化的。这种变化不仅有量的变化,而且有质的变化。旅游经济结构量的变化一方面表现为规模的增长,另一方面表现为各种比例关系的变化。通过对旅游经济结构量的分析,可以把握旅游经济结构在旅游经济发展规模和速度方面的适应性。旅游经济结构质的变化主要表现在旅游经济的效益和水平上,并通过各种量的指标反映出来,但总体表现为旅游业的综合发展水平和不断提高的经济效益。由于旅游经济结构的变动是十分复杂的，因此必须注意分析影响旅游经济结构变动的各种因素，适时进行调整，提高旅游经济结构的动态适应性。

（四）关联性

旅游经济结构区别于国民经济结构和其他子系统结构的最显著特征就在于其关联性较强。从旅游业食、住、行、游、购、娱六大要素看，任何一个要素的有效供给都离不开其他相关要素的配合；从旅游产业中的旅行社、旅游饭店和旅游交通三大支柱看，任何一个部门的发展都必须以其他部门为条件。总之，旅游经济结构较强的关联性，使组成旅游经济结构的各部门、各要素的协调发展成为旅游经济结构协调的重要内容。其中任何一方面的发展薄弱或不协调，都会影响到旅游经济整体发展的规模、效益和水平。

三、旅游经济结构的内容

旅游经济活动涉及众多要素，而各种要素之间、要素内部都有相应的结构。因此，从旅游经济活动的要素分析出发，旅游经济结构一般可分为旅游市场结构、旅游消费结构、旅游产品结构、旅游产业结构、旅游区域结构、旅游投资结构、旅游经济管理结构等。

（一）旅游市场结构

旅游市场结构反映的是旅游产品在供应和需求之间的规模、比例及相互协调性，以及各种旅游客源市场之间所形成的比例关系。旅游需求是指旅游者对旅游产品具有支付能力的需求总和。由于旅游者收入、闲暇、爱好、职业、年龄、修养等方面的差别，使旅游者的需求也各不相同，从而要求旅游供给者提供多种类型的旅游产品以满足旅游者多样化的需求。旅游供给是旅游经营者在一定时期内向旅游者提供的各种旅游产品的总和，包括各种旅游景观、旅游设施、旅游服务等。旅游需求与供给都有一定的时空变化，因而旅游供给和需求一旦在数量、规模和比例上相互适应，就实现了旅游市场结构的协调，从而促进旅游经济的发展。但由于旅游需求变动性较大、旅游资源分布的不均衡性，以及旅游活动的季节性等因素的影响，旅游供给和需求在数量、规模、层次及比例上往往难以相互适应。因此，为了提高旅游经济效益，避免旅游资源浪费或供给不足，就必须根据实际情况对旅游市场结构中出现的不协调现象进行适当的调整，以满足旅游经济发展对旅游市场结构的要求。

对旅游市场结构进行调整，首先应研究旅游需求结构、旅游供给结构和旅游供求相适应的结构状态。从旅游需求结构看，要着重研究国际旅游市场和国内旅游市场的构成及分布状况；着重研究不同性别、年龄、阶层和职业的旅游者构成及需求状况；着重研究不同季节、不同旅游方式（如团队、散客）的需求结构状况等。从旅游供给结构看，要着重研究旅游资源的类别和性质，以便开发出具有特色的旅游景观；要研究各种旅游设施的规模、水平和比例，以便形成有效的综合接待能力；要研究各种旅游服务的质量及内容，不断提高服务水平，更好地满足旅游者的需求。从旅游供给与需求相适应的情况看，要研究在完全竞争、完全垄断及垄断竞争等不同市场结构下，市场供求变化及竞争的特点。通过以上研究，针对旅游市场供求变化，从而为形成供求适应的市场结构，探寻宏观管理的政策及微观经营的对策和策略提供依据。

（二）旅游消费结构

旅游市场结构中的旅游需求也具有一定的内在结构，这就是旅游消费结构。旅游消费结构是指旅游者在旅游过程中所消费的各种类型旅游产品及相关消费资料的比例关系，以及旅游者的不同消费层次及水平的比例关系。不同旅游产品及其要素的消费类型主要包括食、住、行、游、购、娱等方面的消费；而不同消费层次及水平的消费类型则主要包括高档消费、中档消费、低档消费或舒适型消费、经济型消费等。因此，研究消费结构对进行旅游产品结构的调整，以便有的放矢地开发适销对路的旅游产品具有十分重要的意义。

研究旅游消费结构，一是要对旅游消费构成进行分类，以掌握各种消费资料的构成状况及消费水平；二是要研究影响旅游消费结构的各种因素及影响程度；三是在以上研究分析的基础上，探寻实现旅游消费合理化的途径和措施。

（三）旅游产品结构

旅游产品是指为旅游者开展旅游活动提供的各种产品和服务的总和，它是由各种要素所组成的综合性产品，包括各种旅游景观、旅游交通、娱乐、餐饮、住宿及旅游购物等。此外，综合性的旅游线路产品也有不同的规模、不同的日程等，这些不同旅游产品及要素之间的各种组合关系就构成了旅游产品结构。

由于旅游产品具有不同于一般商品的特点，因而研究旅游产品结构也应从不同的方面来掌握。一是从要素结构入手，研究旅游景观、旅游设施、旅游服务及旅游购物品各自的规模、数量、水平及结构状况，从而把握住各种要素的特点及供给能力，为开发旅游产品奠定基础。二是从旅游产品结构入手，研究各旅游要素的组合状况，即以旅游景观为基础，研究各种自然风景和人文风情资源的有机组合,各种旅游设施和旅游服务的配备比例,从而组合成综合的旅游产品,形成一定区域内旅游活动的行为层次结构。三是从旅游产品组合结构入手,研究各种旅游线路的设计与旅游产品的有机组合。通过旅游线路,把各个区域旅游产品及一些专项旅游(如会议、探险、考察、体育等)有机结合起来,向旅游者提供具有吸引力的综合性旅游产品。

（四）旅游产业结构

旅游产业结构是指以食、住、行、游、购、娱为核心的旅游业内部各大行业间的经济技术联系与比例关系,也就是旅游业的部门结构。由于旅游经济具有综合性的特点,从而决定了旅游产业结构具有多元化的性质。一般讲,旅游业主要包括旅游交通、旅游饭店和旅行社,它们被誉为旅游业的三大支柱。但是,从旅游业的六大要素看,旅游产业还应包括旅游娱乐业、旅游购物品的生产与经营部门、旅游资源开发与经营管理部门等。从更广泛的角度看,旅游产业还应包括旅游教育培训部门、旅游研究和设计规划部门等。只有从大旅游观的角度来认识旅游产业结构,才能提高对旅游经济重要性的认识,从而确立旅游业在国民经济中应有的地位。

从旅游经济综合性角度研究旅游产业结构,主要应从以下三个方面考虑。一是应着重分析旅游业内部各部门结构的发展规模、水平及相互之间的联系和比例关系,考察旅游产业结构的综合能力及协调性等。二是从市场结构出发,研究旅游产业结构的合理化,分析影响旅游产业结构合理化的各种因素,以及可能采取的对策及措施。三是从旅游经济发展的角度,研究和探讨旅游产业结构高度化的趋势和可能性,探讨旅游产业结构高度化的途径、对策及措施等。

（五）旅游区域结构

旅游业的发展总是在一定地域空间中实现的,因此旅游区域结构的状况及变化,是进一步分析和认识旅游经济发展的重要依据。旅游区域结构,是指从地域角度所反映的旅游客源市场,以及旅游区的形成、数量、规模及相互联系和比例关系。通过对旅游区域结构的研究,不仅有利于掌握不同区域客源市场的需求状况,不同旅游区的特点及构成,而且有利于从宏观和微观角度进行合理的旅游产业布局,提高旅游经济的整体水平及综合效益。

从旅游经济角度看,旅游区域结构应着重研究以下几个方面的内容。一是要研究旅游区域的市场结构,即对国际和国内不同区域的旅游市场需求和供给进行研究,研究不同区域市场的需求特点、需求规模及水平,以便有针对性地提供合适的旅游产品。二是要研究旅游区特点与构成,通过运用区划理论分析各旅游区的特色与发展方向，明确各旅游区开发重点与旅游形象塑造，探讨旅游区的总体构成及相互之间的联系和互补关系，形成既有层次又浑然一体的旅游总体形象。三是要研究旅游产业布局，通过对旅游区的研究，掌握旅游产业布局的原则，分析旅游区域布局的影响因素，探寻旅游业合理布局的内容和方法，促进旅游产业布局的合理化。

（六）旅游投资结构

旅游投资结构对旅游市场结构、旅游消费结构、旅游产品结构、旅游产业结构、旅游区域结构等都会产生不同程度的影响。旅游投资结构即指投资额在不同旅游建设项目之间的比例关系。旅游建设项目从不同角度可分为不同的类型：从建设内容角度可分为旅游基础设施项目、景区项目、旅游饭店项目、旅游教育项目、旅游交通项目、旅游购物开发项目、旅游环境保护项目等；从项目规模角度可分为大型、中型、小型项目；从建设项目的性质角度可分为新建项目、改建项目、续建项目、扩建项目；从地区分布角度可分为旅游业发达地区项目、欠发达地区项目、不发达地区项目；从旅游投资来源角度可分为国家投资项目、地方政府投资项目和旅游企业投资项目。由于投资的目的、方式、途径各不相同，故不同投资来源的旅游投资结构也不同。旅游投资结构的安排要充分考虑市场因素，并从旅游业发展的角度来综合分析，最终确定合理的旅游投资结构。

（七）旅游经济管理结构

旅游经济管理结构是从生产关系角度研究旅游经济的所有制结构、企业规模结构和相应的体制结构等。旅游经济所有制结构，反映了旅游业所有制关系的构成及比例。因此，分析旅游经济的所有制结构特点、运行状况及发展趋势，既有利于坚持社会主义方向，又有利于不断改革开拓，促进旅游经济的进一步发展。旅游企业规模结构，反映了旅游企业大、中、小结构比例和旅游企业集团化发展的状况。从国际旅游业发展的情况看，一方面，旅游企业大、中、小规模结构是由客观条件所决定的，是在市场竞争中，通过竞争淘汰、新建而逐步形成相对稳定的大、中、小企业规模结构；另一方面，旅游企业遵循集中化的市场竞争要求，逐步形成一些紧密型的企业集团，如饭店管理公司、旅游集团公司等，从而提高旅游企业的竞争力和经济效益。旅游经济体制结构，是从宏观角度所表现的有关旅游业的政策保障体系、行业管理体制及实施手段体系的状况。随着经济体制改革和我国旅游经济的发展，我国旅游经济体制正逐步形成以行业管理为主，集旅游政策保障体系、旅游法律法规体系和旅游宏观调控体系为一体的旅游经济管理体制。

第二节 旅游产业结构

一、产业结构的分类

产业结构是按照产业部门分类形成的社会生产结构。从国民经济系统看，不同的分类方法可以将国民经济体系划分为不同的产业结构，而主要的分类方法有以下几种。

（一）按再生产理论分类

按照再生产理论，可将社会生产划分为生产资料生产和生活资料生产两大部类，每一部类生产的价值都可分为不变资本、可变资本和剩余价值三部分。通过分析两大部类之间错综复杂的关系，揭示实现简单再生产和扩大再生产的条件，从而为科学地划分产业部门和建立合理的产业结构提供基本的理论和方法。

（二）按社会分工分类

按照社会分工，可将社会生产划分为第一产业、第二产业和第三产业。第一产业是大农业（包括采掘业）；第二产业是加工业和建筑业；第三产业是第一、二产业以外的，以服务业为主的其他产业。三次产业分类法突出了以服务业为主的第三产业在社会经济中的重要地位和作用，揭示了产业结构演进的规律性和经济发展的内在联系，为产业结构的合理化提供了科学的理论指导。

（三）按产业发展顺序分类

按照产业发展顺序，可将社会生产划分为基础产业、先导产业和支柱产业。基础产业是指为社会生产提供必需条件的基础设施和生产部门，如交通、能源、邮电、通信和教育部门等。先导产业是指能够带动和引导整个国民经济发展的关键部门。支柱产业是指在国民经济中具有重要地位，并对经济发展产生重大推动和支撑作用的部门。其结构演进遵循动态比较利益原则和收入弹性基准、生产率上升基准等要求，一般是基础产业超前发展，先导产业重点发展，支柱产业稳定发展。

(四）按生产要素分类

按照生产要素投入，可将社会生产划分为劳动密集型产业、资本密集型产业和技术（知识）密集型产业。这种产业结构分类可视不同时期经济发展水平、条件和目标而有所侧重，但一般规律是逐渐从劳动密集型产业向资本密集型产业和技术密集型产业发展。

（五）按产业发展阶段分类

按照产业发展阶段，可将社会生产划分为传统产业和新兴产业。新兴产业适应经济发展的要求，代表了产业发展的方向，因而应大力发展；传统产业逐渐不适应经济发展的要求，因而要逐步改造或淘汰。

二、旅游产业结构的分类

在国民经济体系中，旅游业属于第三产业中的一个综合性产业。改革开放以来，随着我国旅游业的迅速发展，特别是我国经济体制下较高的资源动员能力和社会组织化水平，使旅游产业结构适应国际和国内市场的需求而快速形成。尽管目前旅游产业结构在国民经济新旧体制转换的格局中，尚需不断调整和完善，但已初步形成了在市场经济条件下，作为一个新兴产业所具有的产业结构雏形。概括起来，旅游产业结构可大致分类如下。

（一）旅行社

旅行社是依法成立，专门从事招徕、接待国内外旅游者，组织旅游活动，收取一定费用，实行自负盈亏，独立核算的旅游企业。旅行社作为旅游业的"龙头"，不仅是旅游产品的设计、组合者，同时也是旅游产品的营销者，在旅游经济活动中发挥着极为重要的作用。因此，旅行社发展的规模、经营水平及其在旅游产业结构中的比重，直接对旅游经济发展产生重要影响。

（二）旅游饭店

旅游饭店是为旅游者提供食宿的基地，是一个国家或地区发展旅游业必不可少的物质基础。旅游饭店数量、饭店床位数多少标志着旅游接待能力大小；而旅游饭店的管理水平高低、服务质量好坏、卫生状况及环境的优劣，则反映了旅游业的服务质量高低。因此，旅游饭店业在旅游产业结构中具有十分重要的地位，没有发达的、高水平的旅游饭店业，就不可能有发达的旅游业。

（三）旅游交通

旅游业离不开交通运输业，没有发达的交通运输业就没有发达的旅游业。

旅游交通作为社会客运体系的重要组成部分，不仅满足旅游产业发展的要求，同时又促进社会交通运输的发展。特别是旅游交通运输要满足旅游者安全、方便、快捷、舒适、价廉等方面的需求，就要求旅游交通不仅具有一般交通运输的功能，还要具有满足旅游需求的功能，从而要求在交通工具、运输方式、服务特点等方面都形成旅游交通运输业的特色。

（四）旅游资源开发

旅游资源开发，包括对各种自然旅游资源、人文旅游资源及文化娱乐资源的开发及利用，并形成一定的旅游景观、旅游景区及各种旅游产品和组合。目前，虽然全国各地都投入了很大力量进行旅游资源开发，从而形成了一批在国际上有一定知名度和吸引力的旅游景点、旅游景区（包括风景名胜区、度假区等）和旅游线路，但从整体上还未把旅游资源开发作为旅游产业结构中的一个重要的组成部分来看待。不仅在旅游资源的开发建设上没有专门、统一的规划和建设；而且在行业管理上也政出多头、缺乏统一的宏观协调和管理，从而导致旅游景区、景点建设的滞后。因此，必须把旅游资源开发纳入旅游产业结构中，加快开发和建设。

（五）旅游娱乐

旅游是一种以休闲为主的观光、度假及娱乐活动，因而丰富的旅游娱乐是旅游活动中的重要组成部分。随着现代科技的发展，旅游娱乐业在旅游产业结构中的地位正日益上升，旅游娱乐业在增强旅游产品吸引力、促进旅游经济发展方面的作用也不断增强。

（六）旅游购物

旅游购物是旅游活动的重要内容之一。随着现代旅游经济的发展，各种旅游工艺品、纪念品、日用消费品的生产和销售正不断发展，形成了商业、轻工业、旅游业相结合的产销系统和大量的网点，不仅促进了旅游经济的发展，也相应带动了民族手工业、地方土特产品等轻工业、手工业的发展，促进地方经济的繁荣。

综上所述，旅游产业结构可划分为旅行社、旅游饭店、旅游交通、旅游资源开发、旅游娱乐、旅游购物等六大产业部门。此外，从大旅游的角度看，旅游产业结构还可以包括旅游教育和培训、旅游规划与设计、旅游研究与咨询以及旅游行政管理等部门，这样才能全面、综合地反映整个旅游经济发展的状况及态势。

三、影响旅游产业结构的因素

要实现旅游产业结构的合理化,首先必须分析影响旅游产业结构及其变化的因素。影响旅游产业结构的因素是很复杂的,通常可从以下几个方面进行分析。

(一)需求因素

需求是决定产业结构并影响其变化的主要因素。不能满足需求的生产,不适应消费结构的产业结构都不能使社会生产形成良性循环。旅游业是以满足人们的需求为主要目标的,因而国内外旅游需求的变化,旅游需求的发展方向和水平,不仅决定着旅游经济的发展方向和水平,也决定和影响着旅游产业结构的变化及发展。

需求因素对旅游产业结构的决定和影响主要反映在消费需求和投资需求两大方面。从消费需求方面看,旅游者的消费需求直接影响旅游产业结构的变化。因为,旅游者对某种旅游产品的需求增加,必然相应引起该产品供给的增长,从而影响到旅游产业部门内部结构的变化,促使旅游生产经营者尽力形成适应旅游消费需求的产业结构。从投资需求方面看,投资结构的变化是直接影响旅游产业结构变化的重要因素。投资结构作为一种流量结构,在旅游消费需求的拉动下,对旅游产业的资本存量结构产生影响,从而影响到旅游产业结构的变化和发展。

(二)资源因素

旅游资源对旅游产业结构的影响是至关重要的。传统观点认为,旅游资源主要是自然旅游资源和人文旅游资源。而现代观点认为,旅游资源还应包括人才、信息、智力、资金等。通常,一个国家生产力越不发达,则本国的自然资源对产业结构的决定及影响作用就越大。因此,许多发展中国家的旅游产业结构,在很大程度上取决于该国的旅游资源状况,尤其是自然旅游资源和人文旅游资源的状况和结构。而许多发达国家,则不仅能有效地利用本国资源,而且能采取种种方法去利用其他国家的旅游资源,提高本国旅游产品的吸引力。

分析资源因素对旅游产业结构的决定和影响作用,首先,应分析一国所拥有的自然旅游资源和人文旅游资源的状况,分析这些旅游资源的规模、品位及特点,以开发具有特色的旅游产品。其次,要分析资金和劳动力的状况,不仅分析资金和劳动力拥有的数量对旅游产业结构的影响,还要分析劳动力质量对旅游产业结构的影响,提高对资金、劳动力资源要素的投入。再次,要分析智力和信息资源的状况。旅游是一种满足人们身心需求的高层次活动,因而智力资源的开发不仅能更广泛地利用自然与人文旅游资源,还能创造出新的资源,组合成颇具吸引力的旅游产品。智力资源的开发越好,则旅游产品的形象就越好,吸引力就更大。而要有效地开发智力资源,就离不开充分的信息资源。特别是在瞬息万变的国际旅游市场中,及时、准确地掌握市场信息及相关信息,不仅对形成合理的旅游产业结构具有重要的影响作用,而且对旅游经济的良性循环发展也是非常重要的。

(三)科技因素

科技进步是旅游产业结构演进的主要推动力,其主要表现在两方面。一方面,科技进步直接决定和影响着旅游产业结构的变动及发展,例如技术进步改变了对旅游资源开发和利用的具体方式和效果;促进了交通工具和通信手段的现代化,为旅游活动的有效进行提供先进的工具和手段;加快了旅游设施的建设和改善了旅游服务的质量,丰富了旅游活动的内容;提高了旅游产出的经济效益,从而直接对旅游产业结构发生影响作用。另一方面,技术进步也刺激着需求结构的变化,从而对旅游消费需求和投资需求结构产生影响,增强了对旅游产业结构的拉动力,促使旅游经济在科学技术进步的基础上实现质的飞跃,充分有效地利用现代科学技术。此外,科学技术的进步还表现在对旅游业的经营、管理和组织等方面的"软"技术的积极作用。特别是在我国建立社会主义市场经济的过程中,在各种旅游"硬"技术逐渐完善的条件下,经营、管理和组织等"软"技术将在旅游产业结构的合理化中发挥着十分重要的作用。

(四)政策和体制因素

政策和体制不仅影响着旅游产业结构的变化,而且直接为旅游产业结构的合理化创造条件。从政策角度讲,国家对旅游产业的重视和相应的政策、法规,不仅对旅游经济的发展具有促进和制约作用,同时也对旅游产业结构的变动及发展具有影响和调控作用。特别是目前国家按照经济发展与产业结构演进规律所制定的加快发展第三产业的改革和大力发展旅游业的政策,都将促进旅游产业结构的合理化。从体制角度看,我国旅游经济体制是最早适应市场经济要求,与国际旅游市场接轨的,许多经营方式和管理模式已大量借鉴了国际惯例和适应现代市场经济的要求。但也要看到传统经济体制的弊病及其影响也对旅游经济发展和旅游产业结构的变化产生着影响。因此,加快旅游经济体制的改革,实现旅游产业结构的合理化,对旅游经济持续稳定发展都具有十分重要的作用。

第三节 旅游区域结构

一、旅游区域结构的概念

一个国家的经济发展及产业布局总是离不开一定的地域空间。只有对各个产业和企业在地域空间上进行合理的配置和布局，才能实现生产力的合理组织，最终实现经济的效率目标与空间平等目标的和谐统一。因此，所谓旅游区域结构是指在一定范围内旅游业各要素的空间组合关系，即旅游业的生产力布局。旅游区域结构是一个多层次、综合性的结构体系，它反映的是旅游要素的空间分布与布局、功能分区以及要素与地区间的空间联系状态等。

旅游区域结构一般包括各旅游要素的区域结构和综合旅游经济区域结构。旅游要素区域结构包括旅行社区域结构、旅游饭店区域结构、旅游交通区域结构、旅游商品区域结构、旅游资源区域结构、旅游市场区域结构、旅游流区域结构，以及旅游投资区域结构等。旅行社区域结构是指旅行社在不同地区的配置情况，包括不同数量、规模、性质的旅行社在不同地区的布局特点以及区域内各旅行社的协作发展关系。旅游饭店区域结构是指根据旅游资源的分布及旅游市场需求特点而形成的地区分布格局，其中旅游资源集聚地的分布特点对旅游饭店区域结构具有决定性的影响作用，因为大多数旅游者总是投宿到距旅游景区、景观较近的旅游饭店。旅游交通的地区差异同时受旅游资源与旅游客源分布的影响，一般在旅游景观附近的分布密度较大，从而决定了旅游交通的运力、规模及水平。旅游商品的地区分布不仅和旅游资源的分布相关联，而且同各地区其他产品生产，特别是名特土产品相关，从而形成不同地区旅游商品的分布特色。旅游市场和旅游流的区域结构反映了旅游者的分布及其变化特征，它对各旅游供给因素特别是旅行社、旅游饭店、旅游交通的合理布局具有很大的引导作用。旅游投资区域结构是指资金在各旅游区域的流动及分布关系，它取决于不同地区经济的发展速度、资源特征、经济政策等区域特点。旅游投资必须以有限的资金取得较高的综合经济效益，因而提高资金利用效率对旅游投资区域结构具有重要的意义。旅游资源区域结构是以旅游资源的自然属性为主得出的旅游资源空间分布状况及特色，它是以自然资源本身的性质、特点、数量、质量为依据划分的,是综合旅游经济区域结构的基础。

把上述各种因素结合起来,就形成综合旅游经济区域结构,其是整个旅游经济的空间分布格局。根据各地区旅游经济综合特征的相似性与差异性程度,即可将整个地区分成若干个旅游经济区,每个经济区以下可进一步划分出不同的旅游经济区。

二、合理布局旅游生产力的意义

研究区域旅游结构,合理布局旅游生产力,不仅对充分发挥各地旅游资源优势,促进旅游经济的协调发展具有十分重要的意义,而且对制定合理的区域旅游经济发展战略和旅游产业地区政策也具有重要的意义。具体表现在以下几个方面。

(一)有利于综合利用旅游资源

合理布局旅游生产力,有利于充分有效地利用全国各地的旅游资源、经济资源和劳动力资源,发挥我国地域辽阔、资源丰富的优势,调动各地区、各企业的积极性,促进旅游经济的发展,增强旅游业的发展后劲。

(二)有利于区域经济的平衡发展

合理布局旅游生产力,有利于以有限的资金投入,促进旅游经济的最佳地域组合,促进旅游区域的联合与协作,从而提高旅游经济的综合效益,带动少数民族地区和经济不发达地区的社会、经济和文化的发展,促进空间经济均衡发展和平等化。

(三)有利于旅游经济的持续发展

合理布局旅游生产力,有利于保护环境和生态平衡,保障城乡居民生活环境和质量,保护旅游业赖以生存和发展的自然物质基础,保证旅游经济与环境保护有机协调起来,以旅游开发促进环境保护,以环境保护促进旅游发展,形成旅游经济发展与环境保护的良性循环,实现旅游经济的可持续发展。

(四)有利于加强宏观调控

合理布局旅游生产力,有利于在建设社会主义市场经济体制中,充分发挥政府宏观调控的主体作用,通过制定旅游区域经济政策,为不同地区、不同发展阶段的旅游经济提供政策依据及战略指导,使不同地区从旅游市场出发,结合自身的资源优势,制定旅游业发展规划,促进旅游经济的发展。

三、影响旅游区域布局合理化的因素

旅游区域布局是从总体上对旅游生产力体系的地域空间配置,因此要实现旅游区域布局的合理化,就必须分析和考虑影响旅游区域布局的主要因素,这些因素有资源因素、区位因素、市场因素、社会经济因素及政策、法规因素等。

(一) 资源因素

任何产业部门的区域布局都必须以可靠的资源为保证,否则就会使该产业的发展陷入盲目性。旅游资源是旅游业赖以生存和发展的物质基础,其所具有的数量和质量不仅决定着旅游经济的发展规模及水平,而且决定着旅游产业的合理布局。通常,具有"垄断性"的旅游资源,有较高的开发价值并往往发展成旅游业的"增长点"。因此,正确认识和分析不同地区的旅游资源品位、特点、分类及规模,是建立合理的旅游产业布局,确定旅游投资规模及资源开发时序,提高旅游区域布局效益的重要途径之一。

(二) 区位因素

区位因素是影响各经济产业合理布局的重要因素之一。通常,优越的区位优势不仅为旅游经济活动提供有利条件(如通达性、便捷性等),而且对旅游产品的形成及旅游产业的布局都具有重要影响。例如,我国东部沿海地区虽然旅游资源条件并不丰富,但拥有良好的区位条件,又是经济较发达的地区,从而拥有大量的客源市场,促进了沿海地区旅游经济的发展。但是,我国中、西部地区,特别是经济不发达的内陆地区,虽然拥有大量较高品位和质量的旅游资源,但受区位条件的限制,使旅游经济的发展缓慢。尽管随着生产力的发展和现代科学技术的进步,使交通、运输、通信等条件有了改善,相应削弱了区位条件的影响,但区位因素仍是旅游区域布局中一个不可忽视的重要因素。

(三) 市场因素

市场经济作为社会经济运行方式和社会资源配置机制,要求一切经济活动都以市场为轴心,按照市场经济规律对社会经济活动进行调节和控制。旅游经济是一种以市场为导向的经济,因而其整个经济运行都必须围绕市场来进行。首先,从需求角度看,一个地区旅游业发展的规模和水平表现在其对旅游客源市场的拥有程度上,而客源地的数量、客源地的社会经济发展水平和客源地游客出游人数等,都决定着一个地区旅游经济的发展速度和规模。

旅游景区开发与区域经济发展

其次，从供给角度看，一个地区旅游市场的大小还取决于其旅游产品供给及旅游服务水平，它不仅决定着该地区旅游市场接待规模，也决定着旅游市场的发育及旅游经济效益的提高。因此，在考虑旅游区域布局时，一方面要考虑不同地区、不同发展阶段的旅游客源市场的对象、范围及变化趋势，从而把握旅游市场的容量大小。另一方面又要根据旅游需求，合理部署旅游资源的开发及旅游产品的供给，从而形成合理的旅游区域市场定位，为合理的旅游区域布局提供依据。

（四）社会经济因素

一个地区社会经济发展水平及其为旅游业发展所提供的有利条件或限制因素，直接影响到该地区旅游产业布局及旅游经济的发展。通常，发达的经济条件更容易为旅游业提供各种基础设施、交通运输手段及财力资源，并且往往具有较高的旅游服务和管理水平，从而增强了旅游目的地的吸引力，促进旅游业经济效益和社会效益的提高。例如，我国东部沿海地区及大多数中心城市，都具有较发达的社会经济，从而也成为旅游经济较发达的地区。而经济不发达地区，虽然拥有丰富的旅游资源，但缺乏开发的能力及相配套的社会经济条件，无法尽快转化为经济优势，使旅游经济的发展较为缓慢。因此，在考虑旅游区域布局时，除了考虑资源、区位及市场因素外，也要充分重视不同地区社会经济的发展水平，适度超前发展旅游业。通过旅游业带动地方经济发展，同时又根据不同发展阶段的社会经济状况，合理地进行旅游区域布局，使旅游经济与社会经济发展和谐统一。

（五）政策、法规因素

经济政策和法律、法规是政策部门的重要调控手段之一。运用经济政策和法律、法规，不仅能加快旅游资源的优化配置，促进旅游经济在数量扩张、结构转换和水平提高等方面同时发展，实现旅游经济的良性循环，而且有利于促进旅游经济布局的合理化，减少地区间经济差异，实现总体效率与空间平等的统一。尤其旅游业是以市场为导向的经济产业，如果没有国家从政策和法律、法规等方面给予宏观的指导和调控，旅游业不仅不能快速发展，而且也不可能得到健康的发展。因此，在考虑旅游区域布局时，一方面要从旅游经济总体发展的需要出发来制定有利于旅游区域布局合理化的产业政策和法律、法规，引导旅游区域布局的合理化；另一方面，又要根据已有的产业政策及法律、法规要求，合理地进行旅游产业的区域布局，从而促进旅游经济健康、持续发展。

第四节 旅游经济结构合理化

一、旅游经济结构合理化的意义

旅游经济结构合理化是指为保证旅游业持续稳定发展，使旅游经济活动中各种因素或结构之间在各种数量、规模的比例方面形成一种动态协调，以有利于旅游经济顺利发展。

旅游经济结构合理化具体包括上述各种结构都必须处在合理的状态，而且各种结构之间的相互作用、制约的关系必须有利于各种结构保持合理的状态。其中旅游供需结构、旅游产业结构和旅游区域结构的合理化又在整个旅游经济结构的合理化内容中居于重要地位。旅游经济的持续发展取决于旅游经济结构的合理化，而旅游经济结构的合理化不仅是旅游经济发展的战略目标，而且是旅游生产力体系形成的要求，是旅游经济实现良性循环发展的根本保证。

（一）旅游经济结构合理化是旅游经济发展的战略目标

在传统的经济体制下，人们往往把经济发展的总量增长和速度作为经济发展目标，因而在讲到旅游经济发展战略目标时，也往往过分强调指标和增长速度，忽略了旅游经济结构和效益。事实上，经济总量的增减和发展速度的快慢不一定反映生产力水平的提高或降低，而经济结构的优劣则明显反映出生产力水平的升降和经济效益的好坏。因此，"速度型"的旅游经济增长未必带来经济效益的提高，相反会引起投入量的增加和结构失衡，最终使整个旅游经济发展不协调；而"结构型"的旅游经济增长依赖于技术进步和结构优化，结构合理了，既有速度，又有效益，从而能实现旅游经济长期稳定协调地发展。因此，必须把旅游经济结构的合理化作为经济发展的战略目标，通过经济结构的合理化和优化来求速度、要效益，才能促进旅游经济稳定协调地发展。

（二）旅游经济结构合理化是旅游生产力体系形成的要求

生产力经济学认为，生产力是由相互联系、相互依存、相互制约的各种因素所构成的有机整体，各个因素必须质量相适应，数量成比例，序列有秩序，才能形成合理的生产力结构，才能有效地实现人与自然之间的物质变换过程。否则，就不能形成合理的结构，不能构成有效的生产能力。旅游业是一个综合性的经济产业，旅游经济各部门，各要素的发展规模、速度和水平，如果不能相互适应，形成一定的数量比例和合理的序列结构，就不能形成旅游生产力体系，从而就不能发挥出应有的功能。因此，要促进旅游经济的发展，就必须形成有效的旅游生产力体系；而形成有效的旅游生产力体系，就必须努力实现旅游经济结构的合理化。

（三）旅游经济结构合理化是实现旅游经济良性循环发展的根本保证

旅游经济发展的良性循环通常表现为旅游经济各部门、各要素比例协调地平衡发展。如果比例不协调，经济发展大起大落，则是不良循环的反映。纵观改革开放以来我国旅游经济发展，在总体呈现高速增长的情况下，也一度出现大起大落的状况。虽然通过宏观调整的手段可以使旅游经济比例关系暂时协调，但随着旅游经济的继续增长，又会出现新的比例失调。因此，要解决旅游经济的平衡协调发展问题，还是要从旅游经济结构合理化入手。只有从根本上实现了旅游经济结构的合理化，才能使旅游经济发展实现速度适当、效益良好，最终进入持续、稳定增长的良性循环中。

二、旅游经济结构合理化的标志

旅游经济结构合理化并不是一个抽象的概念，而是有具体的评价标准的。尽管由于各个国家在旅游经济发展水平和旅游经济结构形成的历史背景方面的不同，导致各国旅游经济结构合理化的标准存在着差别，但旅游经济结构作为一种客观经济活动的实体，却有着普遍意义的合理化标准，具体表现在以下几方面。

（一）资源配置的有效性

合理的旅游经济结构应能充分、有效地利用本国旅游资源及人力、财力、物力，能够较好地利用国际分工的好处，发挥自身的优势，实现资源的最佳配置和使用。

（二）产业结构的协调性

合理的旅游经济结构应能够使旅游经济的各产业、各部门保持合理的比例关系及协调发展，能够有效地促进旅游生产、流通、分配及消费的顺利进行，从而使旅游的供给和需求处于协调的发展中。

（三）产业布局的合理性

合理的旅游经济结构应能够遵循旅游经济发展的客观要求，形成合理的旅游区和旅游产业布局，从而提高整个国家旅游经济的整体形象和综合生产能力，提高整个旅游业的综合经济效益。

（四）旅游经济发展的持续性

合理的旅游经济结构应能促进旅游经济的持续稳定发展，促进社会经济效益的不断提高，促进生态环境的保护，促使国家经济实力不断增强，并成为出口创汇的重要产业。

（五）生态环境的融合性

合理的旅游经济结构应能够促进生态环境的保护和改善，随着旅游经济的发展，不仅保护自然旅游资源和人文旅游资源不受破坏，而且进一步美化和改善生态环境，使旅游业发展与生态环境的保护有机地融为一体，实现经济、资源和环境的良性循环。

总之，合理的旅游经济结构并不是一个统一固定的模式，由于各个国家或地区自然条件、社会制度、宏观经济环境、历史发展的差异比较大，旅游经济结构合理化在不同国家、不同地区可能有不同的标准和要求。因此，建立合理的旅游经济结构，首先必须从各国、各地区的实际情况出发，在研究本国国情或本地区实际状况的基础上，建立一个既符合本国或本地区实际，又有利于进入国际旅游市场，参与国际竞争，以使旅游经济健康发展的旅游经济结构。其次，要制定有利于旅游经济结构合理化的方针、政策，为旅游经济结构的合理化进程创造一个适宜的环境。再次，要处理好宏观调控与市场调节的关系，使宏观调控内容、方向、力度与市场的需求保持协调关系，市场的调节也要有利于旅游经济结构宏观目标的实现。最后，加强对旅游经济结构的研究是旅游经济结构合理化的基础，只有深入了解、全面认识旅游经济结构的现状、特点、存在环境、优势与不足，才能提出旅游经济结构合理化的方向，制定旅游经济结构合理化的具体方案。

三、旅游产品结构的合理化

旅游产品结构合理化是指各种旅游产品之间在规模、数量、类型、层次等各种指标的比例方面形成一种协调的组合关系，其包括各种旅游产品之间要保持合理的数量比例关系，同种旅游产品不同消费层次类型之间要保持合理的数量比例关系。为了实现旅游产品结构的合理化，必须采取以下有效措施。

（一）加强旅游产品开发，形成合理的旅游产品体系

旅游产品的结构是由各单项旅游产品组合而成的，任何单项旅游产品的缺少、不足或过多都会对产品整体结构的优化产生影响。因而必须对各种旅游产品的开发给以重视，不能因收益回报少而忽视对某些旅游产品的开发，也不能因某种旅游产品的收益大就一哄而上。有些旅游产品特别是旅游景区、景点，一旦经过开发引导，就成为旅游产品结构中不可缺少的重要的一环，若开发不足，势必会降低旅游产品的吸引力。因此，必须加快旅游产品的开发，完善旅游产品结构，形成完整的旅游产品体系。

（二）优化旅游产品的结构

旅游产品结构不是一个静止的结构，而是在不断运动和变化。随着旅游者需求的提高，会对产品类型和产品层次提出新的要求。如旅游者由观光旅游需求变为对度假旅游的需求；由对普通交通工具的需求而变为对高级交通工具的需求等。各种旅游需求的变化要求时刻跟踪旅游市场的变化，对旅游需求结构做出准确的预测，并适时调整现有旅游产品结构。此外，为延长现有旅游产品的生命周期，也要注意对现有旅游产品的挖掘更新和提高工作，进行深层次开发，创造出新的价值，在满足旅游需求的同时，保持旅游产品结构的优化。

（三）要注意协调旅游重点产品与一般产品的关系

旅游资源是旅游活动产生的原动力，因此，它在旅游产品结构中占有举足轻重的地位。旅游资源开发及其内部结构的优化是整个旅游产品结构优化的重要组成部分。在旅游资源开发中既要重视对具有特色及吸引力强的旅游资源的开发建设，又要注意丰富旅游资源的类型和数量。在特色旅游资源的带动下，在客流不断增加的同时，也能通过开发丰富多彩的一般旅游资源来增加环境容量，吸引游客。实现既增加经济效益，又促进生态环境的保护。

四、旅游产业结构的合理化

旅游产业结构的合理化是指旅游业各行业之间形成协调的组合关系。其包括旅游产业在类型、规模、所有制、发展水平等各方面结构的合理化。旅游产业类型结构的合理化，要求各行业之间及其内部各层次之间均保持合理的数量比例结构，协调一致的发展速度，不仅要保证现有旅游产业结构的合理，同时还要保证旅游产业结构在发展中时刻保持合理的状态。旅游产业规模结构的合理化表现在不同行业要保持合理的企业规模，以形成相互适应和

相互联系的增长速度。旅游产业所有制结构的合理化要求不同的所有制企业所占的比例大小要有利于旅游经济的繁荣和快速发展。旅游产业发展水平结构的合理化，也称为旅游产业结构的高度化，是针对旅游产业结构的发展而言的，是指旅游行业结构在高科技的带动下，不仅要保持合理的结构，还要保持较高的发展水平。这里的高水平不仅包括各行业要素运行效率高、产生效益高，还包括在产业合理化的过程中组织协调水平高，使产业结构不断向资源深加工和产出高附加值化的方向发展，从而不断发挥旅游生产要素的潜力，不断提高旅游经济效益。因此，为了实现旅游产业结构的合理化，必须采取以下对策和措施。

（一）要坚持宏观调控与市场调节相结合

在旅游产业结构合理化的进程中，宏观调控与市场调节分别具有不同的优越性。国家对旅游产业结构中的不合理状况可以通过行政手段、国家预算内投资及其分配、利率、税收等宏观调控措施强制性地、及时地进行调整，能够避免市场失效和市场调节的滞后性。但市场的复杂性及其运行的规律性又决定了市场调节具有重要地位和作用，特别是在社会主义市场经济中，旅游行业的供给结构总是受着市场需求的引导作用。因此，根据宏观调控与市场调节在旅游产业结构合理化过程中的特点，二者不能互相代替，只有协调好二者的关系，充分发挥二者的作用，方能有利于旅游经济结构的合理化。

（二）要做到主导行业与关联行业相适应

在旅游产业结构中旅行社行业在各行业中处于中心地位，起主导作用，它是联系各行业的纽带。要充分发挥它的"龙头"带动作用，并与其他行业形成合理的比例关系。同时，也要深入研究旅游市场的变化，重点解决"瓶颈"行业的制约。时刻关注不同行业的变化趋势，调整相关行业的运行状态，以保持整个旅游产业结构的合理性。

（三）加快旅游企业的集团化发展

加快旅游企业集团化发展是旅游产业结构高度化的重要目标。专业化明确、综合性强的企业集团是增强竞争力的重要手段，它能够发挥规模经济的优势，降低市场风险，是旅游产业类型结构合理化和高度化的重要措施之一。加快旅游企业集团化发展，一是组建大型旅游集团，形成开发、经营、管理的一体化；二是促进所有制结构调整，实现旅游产业所有制结构的合理化；三是加强旅游集团的科学管理和现代化管理，向管理要效益，并且促进旅游企业经营管理的国际化。

五、旅游区域结构的合理化

从我国旅游经济区域不平衡发展的现状，以及不同地区旅游资源和社会经济发展的差异性出发，我国旅游区域结构的合理化应从以下几个方面着手。

（一）突出重点发展的原则

目前，我国旅游业经过几十年的高速发展，已初步形成了一部分旅游经济的增长点。因此旅游区域布局应按照"发展极"理论，遵循突出重点的原则，加强对重点旅游区、旅游城市及旅游线路的建设和发展。首先，应突出对重点旅游区的建设，即对目前在国际上已具有一定知名度的旅游区的配套建设及旅游度假区的开发；通过重点建设一批集参与、观光、度假及文化娱乐为一体的旅游区，尽快形成具有相当产业规模的综合接待能力，增强对国外、国内游客的吸引力。其次，要加快对重点旅游城市的配套建设，特别是对改革开放以来形成的旅游中心城市，如北京、上海、广州、深圳、珠海、桂林、杭州、西安、厦门、昆明、大连、南京等城市，要进一步深度开发，增强综合接待能力，充分发挥旅游中心城市的作用，增强其对邻近地区和全国的辐射功能，使其成为全国旅游创汇的基地。再次，要重点扶持和建设一批具有发展潜力、经济效益好的旅游路线，开展多种专项旅游，丰富旅游的内容，增强旅游产业发展的后劲。

（二）强调合理分工、互相补充

从地域间旅游经济的发展看，我国旅游经济的发展不仅在区域间有差别，而且各区域之间在发展阶段、发展规模及水平上也存在着差距。因此，旅游区域布局必须遵循合理分工、突出特色、互相补充的原则，根据各区域间旅游经济的发展水平及区位状况，进行合理的分工和布局。首先，各地区应根据自身的旅游资源优势和区位条件，根据市场需求建设与经济发展相适应的旅游产品，并和相关地区形成合理的分工和布局。其次，在注意突出各自的优势和特色时，要强调互补互济，形成各地区之间资源互补、市场互补、发展互补，促进生产要素的流动和有效利用，提高旅游经济的整体效益。

（三）遵循点—轴发展的规律

所谓点—轴发展，就是以建设国际化旅游城市为依托，形成增长点，再以点带面，经过辐射扩散作用，发展旅游区，带动整个区域旅游经济的发展。遵循点—轴发展的原则，首先要加快国际化旅游城市的建设，在目前的重点旅游城市中，有选择地建设一批具有国际化标准和功能的旅游城市，形成增长点。其次，要依托这些增长点的辐射作用，不断向周围地区扩散，并形成旅游网络，带动相应地区旅游经济跳跃式发展，从而促进全国旅游经济网络的形成和旅游业的大发展。

（四）积极发展国内外区域的合作

旅游业是一个开放型的经济产业，封闭是不能发展的，因而必须对外开放，积极发展国际合作。首先，要按照旅游经济的内在联系，以区划理论为指导，加强各地区之间的联合和协作，逐步形成具有一定规模、具有一定水平和各具特色的区域旅游网，提高区域旅游的整体竞争能力。其次，要积极发展国际区域合作，参与国际市场竞争。特别是要顺应目前国际经济区域一体化的趋势，打破边界约束，寻求更大范围内的区域合作，增强我国旅游业在国际旅游市场上的联合竞争能力，为我国进一步开拓国际旅游市场拓展新的途径。

第六章 旅游经济的发展趋势

第一节 旅游可持续发展

一、资源、环境与旅游业发展的关系

（一）旅游资源与旅游业发展的关系

在现代旅游活动中，旅游资源与旅游业发展是密切联系的。旅游资源作为自然和人类社会中一切能够吸引旅游者进行旅游活动的自然资源和社会文化资源，其本质就是能够激发旅游者的旅游动机，具有吸引旅游者进行旅游消费，并促成旅游行为的功能。旅游发展，是指人们以经济效益为目的，以满足旅游者需求为重点，为了充分发挥旅游资源的吸引力，而围绕旅游资源所进行的一系列开发和建设的活动。只有当人们认识到旅游资源对于旅游业和社会经济发展的重要性时，才会主动自觉地开发和利用旅游资源，因此，旅游资源的开发就成为旅游发展的重要内容。

（二）旅游环境与旅游业发展的关系

所谓环境，是指作用于人类的所有外界影响因素与力量的总和，是人们赖以生存和发展的客观条件，从旅游角度看，旅游发展的实质就是利用优美的自然环境条件，按照人们的要求对旅游资源进行整修和提高，从而形成各种各样的风景区和良好的旅游环境，满足人们的旅游需求。从环境保护的角度看，旅游活动的开展有利于环境保护，但同时也会带来一些对环境的消极影响。

二、旅游可持续发展的重要性

（一）旅游可持续发展的概念

旅游可持续发展是指在充分考虑旅游与自然资源、社会文化和生态环境

相互作用和影响的前提下,把旅游开发建立在生态环境承受能力之上,努力谋求旅游业与自然、文化和人类生存环境协调发展,并福及子孙后代的一种经济发展模式,其目的在于为旅游者提供高质量的感受和体验,提高旅游目的地人民的收入水平和生活质量,并切实维护旅游者和旅游目的地人民共同依赖的环境质量。

（二）旅游可持续发展的主要特点

第一,旅游可持续发展的目标是满足人们多样化需求。根据马斯洛需求层次理论,旅游需求属于高层次的需求,随着人们生活水平的提高,越来越多的人普遍会产生对旅游的需求,加之人们的旅游需求丰富多样,因而旅游经济的可持续发展必然以满足人类的多样化需求为根本目标。

第二,旅游可持续发展的重点是保护资源和环境。旅游资源是一地发展旅游的根本,而环境是一地发展旅游的保证。因此,旅游要想获得可持续发展,就必须加强对旅游资源和环境的保护,这是旅游可持续发展的根本。

第三,旅游可持续发展的前提条件是合理地规划和开发。旅游开发,规划先行。只有进行科学、合理的规划,旅游资源和环境才能够得到有效的保护。现实中旅游资源和环境的破坏,要么缺乏科学的规划,要么规划缺乏有力的执行。而只有旅游资源和环境得到有效的保护,旅游业实现可持续发展才有可能。

第四,旅游可持续发展的重要保障是加强旅游行业管理。由于旅游业的综合性和复杂性,在旅游业的发展过程中,常常由于一处旅游资源归属不同的部门管理,导致政出多门,管理低效。因此,加强对旅游行业的统一管理对实现旅游业的可持续发展至关重要。

（三）旅游可持续发展的重要意义

第一,可持续发展有利于对旅游资源的保护和持续利用。可持续发展战略是一种适度、有节制的发展,由于旅游资源是有限的,旅游环境的容量是一定的,因此对于旅游开发来说,可持续发展就是要有计划、有序、有重点地开发和利用一地的旅游资源,而且每一阶段的开发都要控制在旅游资源和环境的容量之内。

第二,可持续发展有利于促进经济与社会、环境协调发展。可持续发展是一种综合、系统的发展观,不仅仅强调旅游业的经济效益,同时也要充分考虑旅游业的社会和生态效益。例如,旅游发展要尽可能吸纳当地的居民就业,旅游发展要利于保护和美化当地的生态环境。总之,旅游可持续发展要有利于促进目的地经济与社会、环境协调发展。

第三，可持续发展有利于旅游市场的繁荣和稳定。旅游可持续发展可以延长旅游地的生命周期，进而有利于吸引更多的旅游者，保证旅游市场的繁荣。同时，旅游可持续发展通过不断开发新的旅游项目，也利于保持旅游市场的相对稳定。

第四，可持续发展有利于促进旅游经济增长方式的转变。坚持旅游可持续发展，将促使旅游业逐渐转变增长方式，由粗放式增长模式向综合增长模式转变，具体表现为由传统的仅仅关注于游客的数量到提升旅游服务的品质转变。

第五，可持续发展有利于促进贫困地区尽快脱贫致富。旅游可持续发展有助于脱贫，贫困地区居民通过持续参与旅游活动，将不断提高收入水平，提高生活质量，最终脱离贫困，走向富裕。

三、旅游可持续发展的观念与规律

（一）旅游可持续发展观念

1. 旅游可持续发展系统观

旅游可持续发展系统观是把自然圈、生物圈和社会圈视为一个完整的生态系统，其核心是强调人与自然、人与环境、人与社会相互依赖、相互和谐的共生共存关系。

2. 旅游可持续发展的资源观

旅游可持续发展的资源观引入了可持续发展的理念，强调自然资源与环境的有价性，并将自然资源和环境视为旅游活动的资本，将其价值计入旅游活动的成本中，以期从旅游收入中给予补偿，从而实现自然资源和环境的永续利用。

3. 旅游可持续发展的市场观

旅游可持续发展的市场观是根据市场的需求特点、规模、档次、水平及变化规律和趋势，对现有旅游产品进行组合包装，积极开拓新的旅游产品，适应国际旅游市场需求多样化的市场群体细分化的要求，增强旅游产品的吸引力，促进旅游经济的可持续发展。

4. 旅游可持续发展的产业观

旅游可持续发展的产业观要求加快旅游资源的开发，积极培育和发展旅游支柱产业，提升旅游业在一地经济体系中的地位，进而促进旅游业的快速发展。

5. 旅游可持续发展的效益观

旅游业作为一项经济产业，在其发展中应始终把提高经济效益、社会效益和环境效益作为主要的目标,推动整个社会生产力的发展。

(二)旅游可持续发展规律

1. 环境保护超前规律

环境保护必须超前于旅游资源开发,这是旅游可持续发展的客观规律性。现实中对环境保护的忽视,往往导致旅游开发的难以持续。

2. 环境承载力规律

环境承载力是把生态环境与人口规模结合起来,研究人口规模在何等程度时能保证生态环境的持续性。旅游环境承载力是指旅游活动中,旅游目的地最大限度能容纳旅游者数量的能力。其规律是指旅游经济的可持续发展必须以不超过旅游目的地环境承载能力为前提,并以此作为旅游业各方面发展的依据。

3. 综合协调发展规律

旅游可持续发展要求的是综合协调的发展,而不能只单纯追求某一方面的发展,即旅游经济发展要遵循综合协调发展的规律,以旅游活动各环节或各要素为纽带,在统一管理、统一协调的前提下,谋求旅游业与其他行业或部门以及旅游业内部各方利益的最大一致化。

4. 创新发展规律

创新发展规律是旅游活动中有关环节或要素在内外因素的作用下,减少了旅游活动内部矛盾并促使旅游活动呈现出更高级的特征,提高了旅游经济的运行质量和效果,从而带动旅游经济健康、持续地发展。

四、旅游可持续发展的重点

(一)推进旅游可持续发展的职责

在一地的旅游可持续发展过程中,政府部门通常是推进旅游可持续发展的主体力量;旅游企业是可持续发展的受益者,也是可持续发展的主要参与者和执行者;旅游者既是旅游可持续发展的直接受益者,在推进旅游经济的可持续发展中,他们也应该承担一定的责任和义务。另外,还有非政府组织,是指那些代表和保护公众利益的社团机构,他们的积极参与将对旅游业的可持续发展提供有力的支持。

(二)旅游可持续发展的重点

旅游可持续发展的重点是在尊重自然生态环境及旅游资源形成的基础上,把合理利用旅游资源和保护旅游环境相结合,把近期利益与长期利益相衔接,努力谋取旅游经济效益、社会效益和生态效益的协调发展。

1. 有效开发和合理利用旅游资源

开发旅游资源的根本目的是为了利用旅游资源，但客观上对某些旅游资源的开发本身就意味着破坏，因而必须根据不同的旅游资源采取不同的开发原则，而旅游资源保护的重点是其特色。

2. 重视和加强旅游环境的保护

必须把环境保护贯穿于旅游开发和旅游经济发展的始终，使旅游业发展建立在生态环境的承受能力之上。要在旅游开发中采取一切有效的环境保护措施。在旅游目的地开发景点时，不能损害当地的生态环境和社会经济环境；各旅游目的地接待旅游者不能超过旅游景区景点的承载能力；景区景点交通系统的重点应放在公共交通工具和无污染交通手段上；尽可能保护地方文化的本质特征及真实性。

3. 加大旅游可持续发展的资金投入

坚持旅游可持续发展，应继续贯彻执行利用内资和引进外资相结合，国家、地方、部门、集体、个人一起上的方针，加大对旅游可持续发展的资金投入。要积极争取国家各种专项建设资金的扶持，建立各级政府的旅游发展专项基金，积极引进国内外资金，同时多形式、多渠道地筹集社会资金。

4. 加快旅游可持续发展所需人才的培养

旅游业作为劳动密集型产业，其快速发展需要大量的旅游管理专业人才。加快旅游管理专业人才的培养不仅是旅游资源的开发、建设和保护的客观需要，也是大力促进旅游可持续发展的现实要求。

5. 制定促进旅游可持续发展的政策

在旅游发展实践中，旅游地资源和环境的破坏，很大程度上是由于当地在旅游发展过程中没有坚持可持续发展的理念。必须围绕旅游可持续发展的战略和目标，由主管部门宏观协调各相关部门，制定各种相互配合、协调一致的扶持政策。

第二节 智慧旅游

一、智慧旅游的起源及发展条件

（一）智慧旅游的起源

智慧旅游来源于"智慧地球（smarter planet）"及其在中国实践的"智慧

城市（smarter cities）"。2008 年，国际商用机器公司（international business machine, IBM）首先提出了"智慧地球"概念，指出智慧地球的核心是以一种更智慧的方法通过利用新一代信息技术来改变政府、公司和人们相互交互的方式，以便提高交互的明确性、效率、灵活性和响应速度。

"智慧城市"是"智慧地球"从理念到实际、落地城市的举措。IBM 认为，21 世纪的"智慧城市"能够充分运用信息和通信技术手段感测、分析、整合城市运行核心系统的各项关键信息，从而对于包括民生、环保、公共安全、城市服务、工商业活动在内的各种需求做出智能的响应，为人类创造更美好的城市生活。IBM 的"智慧城市"理念把城市本身看成一个生态系统，城市中的市民、交通、能源、商业、通信、水资源构成了子系统，这些子系统形成一个普遍联系、相互促进、彼此影响的整体。

在国务院《关于加快发展旅游业的意见》（国发[2009]41 号）精神指引下，旅游业开始寻求以信息技术为纽带的旅游产业体系与服务管理模式重构方式，以实现旅游业建设成为现代服务业的质的跨越。受智慧城市的理念及其在我国建设与发展的启发，"智慧旅游"应运而生。从城市角度，"智慧旅游"可视作智慧城市信息网络和产业发展的一个重要子系统，实现"智慧旅游"的某些功能可借助或共享智慧城市的已有成果。因"智慧旅游"是一项侧重公共管理与服务的惠民工程，将"智慧旅游"在城市视角下纳入智慧城市有助于明确建设主体并集约资源。

（二）智慧旅游的发展条件

智慧旅游发展的推动力依托以下六个方面：第一，全球信息化浪潮促进了旅游产业的信息化进程；第二，旅游产业的快速发展需要借助信息化手段，尤其是旅游业被国务院定位为"国民经济的战略性支柱产业和人民群众更加满意的现代服务业"以来，旅游业与信息产业的融合发展成为引导旅游消费、提升旅游产业素质的关键环节；第三，物联网/泛在网、移动通信/移动互联网、云计算以及人工智能技术的成熟与发展具备了促成智慧旅游建设的技术支撑；第四，整个社会的信息化水平逐渐提升促进了旅游者的信息手段应用能力，使智能化的变革具有广泛的用户基础；第五，智能手机、平板电脑等智能移动终端的普及提供了智慧旅游的应用载体；第六，最为重要的是，随着旅游者增加和对旅游体验的深入需求，旅游者对信息服务的需求在逐渐增加，尤其旅游是在开放性的、不同空间之间的流动，旅游过程具有很大的不确定性和不可预见性，实时实地、随时随地获取信息是提高旅游体验质量的重要方式，也昭示了智慧旅游建设的强大市场需求。

智慧化是社会继工业化、电气化、信息化之后的又一次突破,智慧旅游已经成为旅游业的一次深刻变革。

二、智慧旅游的概念

智慧旅游是基于新一代信息技术(也称信息通信技术,ICT),为满足游客个性化需求,提供高品质、高满意度服务,而实现旅游资源及社会资源的共享与有效利用的系统化、集约化的管理变革。

智慧旅游是智慧地球及智慧城市的一部分。智慧旅游与旅游信息化既有区别又有联系。信息化是指充分利用信息技术,开发利用信息资源,促进信息交流和知识共享,提高经济增长质量,推动经济社会发展转型的历史进程。狭义的旅游信息化是指旅游信息的数字化,即把旅游信息通过信息技术进行采集、处理、转换,能够用文字、数字、图形、声音、动画等来存储、传输、应用的内容或特征;广义的旅游信息化是指充分利用信息技术,对旅游产业链进行深层次重构,即对旅游产业链的组成要素进行重新分配、组合、加工、传播、销售,以促进传统旅游业向现代旅游业的转化,加快旅游业的发展速度。因此,信息化与旅游信息化既是过程也是结果,过程的理解侧重于实现信息化的过程,而结果则侧重于"信息化了"的结果。然而,由于信息技术的不断发展,信息化在实践中更侧重于是一个随着信息技术的发展而不断进行的过程。智慧旅游则可理解为旅游信息化的高级阶段,其并不是旅游电子政务、旅游电子商务、数字化景区等用"智慧化"概念的重新包装,而是要能够解决旅游发展中出现的新问题,满足旅游发展中的新需求,实现旅游发展中的新思路以及新理念。

为此,智慧旅游的建设目的集中于三个方面:

第一,满足海量游客的个性化需求。日渐兴盛的散客市场使得自助游和散客游已经成为一种主要的出游方式。据不完全统计,北京旅游的散客占到游客总数的91%。未来散客的市场份额将不断扩大,因此更加便利快捷的智能化、个性化、信息化的服务需求量将不断扩大。

第二,实现旅游公共服务与公共管理的无缝整合。随着电子政务向构建服务型政府方向发展,旅游信息化的高级阶段应是海量信息的充分利用、交流与共享,以"公共服务"为中心的服务与管理流程的无缝整合,实现服务与管理决策的科学、合理。

第三,为企业(尤其是中小企业)提供服务。旅游中小企业的信息化水平不高,在智慧旅游的建设过程中如何吸引旅游中小企业加快信息化进程是目前各智慧旅游试点省市在实践中遇到的难点问题。基于云计算的智慧旅游平台能够向中小旅游企业提供服务，为其节省信息化建设投资与运营成本，是旅游中小企业进行智慧旅游集约化建设的最佳方式。

三、智慧旅游的核心技术

（一）物联网技术

物联网是智慧旅游的核心网络。物联网实现了物与物、人与物、人与人的互联（国际电信联盟，ITU）。从定义上讲，物联网是通过射频识别（RFID）、红外感应器、全球定位系统（GPS）、激光扫描等信息传感设备，按约定的协议，把物品与网络连接起来进行信息交换和通信，以实现智能化识别、定位、跟踪、监控和管理的一种网络。

智慧旅游中的物联网可以理解为互联网旅游应用的扩展以及泛在网的旅游应用形式。如果称基于互联网技术的旅游应用为"线上旅游"，那么基于物联网技术的旅游应用则可称为同时涵盖"线上"与"线下"的"线上线下旅游"。物联网技术突破了互联网应用的"在线"局限，而这种突破是适应旅游者的移动以及非在线特征的。泛在网是指无所不在的网络，即基于个人和社会的需求，利用现有的和新的网络技术，实现人与人、人与物、物与物之间无所不在的按需进行的信息获取、传递、存储、认知、决策及使用等的综合服务网络体系。基于物联网的旅游应用的"线上""线下"融合体现了泛在网"无所不在"的本质特征，而这种本质也是适应旅游者的动态与移动特征的。

（二）移动通信技术

移动通信是物与物通信模式中的一种，主要是指移动设备之间以及移动设备与固定设备之间的无线通信，以实现设备的实时数据在系统之间、远程设备之间的无线连接。因此，移动通信可理解为物联网的一种物与物连接方式，是支撑智慧旅游物联网的核心基础设施。

移动通信技术作为物联网的一种连接方式之所以被特别提出，是因为随着移动终端设备的发展与普及，移动通信技术使得信息技术的旅游应用从以个人计算机为中心向以携带移动通信终端设备的"人"——旅游者——为中心发展，体现了以散客为服务对象的信息技术应用方向。个人计算机基于计算机网络技术连接，通过互联网技术繁荣各种旅游应用；而移动通信终端设备基于移动通信技术连接，通过互联网、物联网技术繁荣各种旅游应用。智慧旅游中的移动通信技术为旅游者提供丰富的高质量服务，如全程（游前、在途、游后）信息服务、无所不在（任何时刻、任何地点）的移动接入服务、多样化的用户终端（个性化以及语音、触觉、视觉等多方式人机交互）以及智能服务（智能移动代理、Intelligent Agent）等。智慧旅游的移动通信技术应用将极大改善旅游者的旅游体验与游憩质量，提升旅游目的地管理水平与服务质量，将使旅游管理与服务向着更加精细以及高质量方向推进。移动通信技术在智慧旅游中体现的是满足游客个性化需求，提供高品质、高满意度服务的智慧。

（三）云计算技术

云计算是一种网络应用模式，计算机终端、移动终端等终端使用者不需了解技术细节或相关专业知识，只需关注自己需要什么样的资源以及如何通过网络来得到相应服务，其目的是解决互联网发展所带来的巨量数据存储与处理问题。云计算的核心思想是计算、信息等资源的有效分配。

云计算技术包含两个方面的含义：一方面指用来构造应用程序的系统平台，其地位相当于个人计算机上的操作系统，称为云计算平台（简称云平台）；另一方面描述了建立在这种平台之上的云计算应用（简称云应用）。云计算平台可按需动态部署、配置、重新配置以及取消部署服务，这些服务器可以是物理的或者虚拟的。云计算应用指一种可以扩展至通过互联网访问的应用程序，其使用大规模的数据中心以及功能强劲的服务器来运行网络应用程序与网络服务，使得任何用户通过适当的互联网接入设备与标准的浏览器就能够访问云计算应用。

智慧旅游的云计算建设须同时包含云计算平台与云计算应用。目前，智慧旅游实践中经常混淆了云计算平台与云计算应用两个概念，如"旅游云""旅游云计算""旅游云计算平台"等。实际上，云平台具有某种程度的具体应用无关性，因此智慧旅游的云计算技术的应用研究应侧重于云计算应用，如研究如何将大量、甚至海量的旅游信息进行整合并存放于数据中心，如何构建可供旅游者、旅游组织（企业、公共管理与服务等）获取、存储、处理、交换、查询、分析、利用的各种旅游应用（信息查询、网上预订、支付等）。从某种程度上讲，云计算技术在智慧旅游中体现的是旅游资源与社会资源的共享与充分利用以及一种资源优化的集约性智慧。

（四）人工智能技术

人工智能（artificial intelligence，AI）研究如何应用计算机的软硬件来模拟人类某些智能行为的基本理论、方法和技术，涉及知识表示、自动推理和搜索方法、机器学习和知识获取、知识处理系统、自然语言理解、计算机视觉、智能机器人、自动程序设计等方面的研究内容。目前人工智能技术已经被广泛应用于机器人、决策系统、控制系统以及仿真系统中。智慧旅游包含了以物联网与移动通信为核心的先进计算机软硬件以及通信技术,也包含了以云计算为核心的计算与信息资源的合理及有效分配技术。但是,如何充分利用智慧旅游不断采集、存储及处理的大量甚至海量数据信息,使其能够在旅游服务及管理等方面发挥重要作用,是关系智慧旅游成败的关键问题。人工智能就是智慧旅游用来有效处理与使用数据、信息与知识,利用计算机推理技术进行决策支持并解决问题的关键技术。在旅游研究领域,人工智能更多地被用于旅游需求预测中;而人工智能在智慧旅游中的作用不仅在于此,还包含游憩质量评价、旅游服务质量评价、旅游突发事件预警、旅游影响感知研究等诸多领域。如果将物联网、云计算以及移动通信技术看成智慧旅游的构架技术,那么人工智能就是智慧旅游的内核技术。

四、智慧旅游的推广价值

(一)加强景区的监管安保工作

智慧景区实时定位管理的三种模式,即常态监管模式、警报导航模式和灾害救助模式。常态监管模式对景区、景点客流分流导航提供决策信息,主要用于常态化的安全监管工作;警报导航模式针对游客在监管系统中突然消失下的主动报警救助,适用于非正常状态下的安全救助;灾害救助模式针对火灾、地震等灾害状态下的救助行动,只用于极端状态下的安保救助,对大型景区的监控安保具有极强的应用价值。

(二)增加景区的互动体验质量

国家旅游局的"智慧旅游"战略不仅包括智慧旅游景区的建设,还包括智慧城市、智慧交通、智慧酒店、智慧餐饮等,智慧旅游的信息化水平与人们信息生活相互推动,随着旅游景区"数字化"建设逐步被"智慧化"建设所取代,更高阶的信息服务成为人们旅游生活必要组成部分,信息化的服务改变并提升旅游互动体验质量。

(三)推动景区引领趋势与潮流

智慧旅游具有国际化、品牌化、个性化、集成化、科技化的发展趋势。大型5A景区发展智慧旅游管理系统具有更强的国际竞争力,易于形成独特竞争优势,形成品牌优势和科技服务优势。

(四)改变旅游产业格局

智慧旅游在优势地区与优势景区首先建立,将进一步扩大其竞争优势,并影响云计算、物联网等新兴信息产业的发展;促进智能手机、平板电脑等智能移动终端产业发展，以及旅游在线服务、旅游搜索引擎、GPS定位导航等相关产业发展。

五、智慧旅游的发展趋势

智慧旅游有着广泛的应用前景，它不仅引领世界旅游的发展潮流，成为现代服务业与科技结合的典范，还可以改善管理平台、增强竞争优势，满足旅游者的个性需求。

（一）引领世界旅游的发展潮流

智慧旅游以人本、绿色、科技创新为特征，利用云计算、物联网、高速通信技术等高科技提升旅游服务质量与服务方式，改变人们的旅游消费习惯与旅游体验，成为旅游发展与科技进步结合的世界时尚潮流。尽管欧美等发达国家在旅游智能化方面取得令人羡慕的成就，但云计算、物联网、高速互联网等新型信息技术在旅游领域尝试性运用却刚刚开始，各国在智慧旅游发展上处在同一起跑线上，谁在智慧旅游发展方面占据先机，谁就能引领世界旅游发展的潮流。国家旅游局提出争取用10年左右时间，在我国初步实现"智慧旅游"的战略目标，这必将使我国在世界旅游竞争格局中占据优势地位，成为引领世界旅游产业发展的重要力量。

（二）打造现代服务业科技典范

目前，我国旅游业因其科技含量不足、知识密集程度不够、经营管理方式传统尚不属于现代服务业的范畴。智慧旅游建设是我国旅游业由传统服务业向现代服务业转变的突破口，借助智慧旅游示范城市、示范企业的建设，强化我国智慧旅游装备制造、智慧旅游应用软件、智慧旅游经营发展模式等方面的探索和建设，以提升我国旅游业的科技含量，增强我国旅游创新能力，提升我国旅游服务质量和国际竞争力。以云计算、物联网、高速通信技术等信息技术的有机整合，使旅游业的信息化水平与工业信息化水平同步发展；使旅游业的信息化水平超前于服务业整体的信息化水平；使旅游业发展成为高信息含量、知识密集的现代服务业的典范。

（三）提升科技集成的竞争优势

目前，智慧旅游作为一个发展概念，尚无技术标准和建设发展模式，现在进行的智慧旅游建设均属于探索性的建设。在未来智慧旅游主导的旅游产业竞争格局中，谁参与了智慧旅游标准制订、谁参与了智慧旅游技术整合、谁参与了智慧旅游经营模式探索，谁就可能获得世界旅游产业中利润最丰厚的部分，占据旅游产业的市场优势和竞争主动权。因此，在智慧旅游"云一端"的模式总体框架下，将云计算中心、高速互联网、高速移动通信网、物联网等进行集成性融合尝试；采用"私有云计算"的服务方式降低基础设施建设成本、维护成本和升级成本，提升信息处理能力；采取虚拟定位技术，将游客锁定到三维地图之中，进行可监控救援服务；采取游客信息采集处理技术，对消费者进行类别区分，提供贴身营销服务等，实现智慧旅游信息科技集成条件下的精细管理的价值诉求。

（四）探索旅游管理的创新平台

智慧旅游需要有智慧旅游系统应用平台的支撑。智慧旅游系统应用平台作为一个信息集成系统，收集景区物联网的监控信息，如智慧园区客流动态监控状况，游客消费实时信息，餐饮、饭店、商铺经营动态系统，景区生态、遗产文物等实时监控状况，安保信息系统等。物联网采集信息通过虚拟数据中心的云计算驳接系统，传输到云计算中心，在云计算中心完成信息计算与处理，再返回虚拟数据中心，虚拟数据中心的系统平台提供分析结果，供决策管理者进行旅游信息决策，使智慧旅游景区管理更加高效合理。

（五）满足旅游体验的个性需求

智慧旅游发展的直接受益者是旅游者。旅游者通过智慧旅游系统的终端驳接工具，完成网上旅游咨询服务，如查询观光信息、网上预约和网上淘宝服务，还可以订制私人旅游线路，合理安排个人日程，最大化地利用旅游时间。智慧景区也将提供更加多元化、个性化的服务，旅游者能够根据自己的需要，选择性消费，如根据自己的需要选择导游讲解语种、讲解风格、讲解深度等，旅游者借助虚拟辅助系统能够全面、直观、深入地进行旅游体验。旅游者与智慧景区系统不断地进行信息互动，进而使景区服务形式和消费内容不断创新，旅游者每次到来都有不同的体验和感受，从而乐于重复消费。

第三节 创意旅游

创意产业的兴起提升了世人的创意意识，"创意"一词也变得家喻户晓，创意产业的巨大威力令人咋舌，人们对创意的需求也日益强烈，于是，对创意的渴求便催生了创意旅游。创意元素的融入为旅游业的发展注入了新的活力，促进了旅游业的深层次发展。旅游业不仅仅是对现有的已存在的资源的开发和利用，它更是资源的创造，创意也使得资源的深度开发更为便利。爱诺（Eno）在论及艺术家所发挥的作用时说："那些曾被我们不屑一顾甚至遭受抛弃的事物，经艺术家之手后，刹那间变得光彩夺目，魅力逼人。"创意之于旅游业正如艺术家之于平凡之物，前者的融入为后者创造了更大的价值。创意旅游是创意产业在旅游业的延伸，是创意产业与旅游业的融合。

一、创意旅游的兴起

创意旅游的兴起是顺应市场潮流的，是对市场需求进行挖掘后产生的具有市场引导性的旅游产品，当然，创意旅游能够投入市场也是建立在一定的供给基础上的，供需结合使创意旅游成为可能。

（一）体验经济的风靡

所谓体验经济，即指企业以服务为舞台，以商品为道具，以消费者为中心，创造能使消费者参与、值得回忆的体验活动为目标的一种经济形态。体验经济起源于美国，在取得一些令人欣慰的成绩后迅速向世界其他国家和地区渗透和拓展。当今世界已迈入火热的体验时代，许多行业都在进行不同程度的体验尝试。而体验与旅游有着直接的天然的联系，旅游者花费了时间、精力和金钱，增长的是阅历，得到的是体验，体验经济会刺激旅游消费，旅游体验经济就是通过各个方面的努力使游客达到深度体验。

旅游体验与一般旅游商品的主要区别在于旅游者的主动参与，在于旅游者用整个身心来体验。在经济技术日新月异的时代里，观赏性已经不再是旅游商品区别于其他商品的重要特征，而文化性的重要性则日益凸显。文化性是创意产业的特点，时尚尖端更是创意旅游的特征之一。创新是当今全球性的主题，通过创意旅游，游客可以丰富个人的创意阅历，提高个人的创意能力，对融入急速变化的创新社会不无帮助。

（二）基于创意阶层的崛起

创意产业是一个高度推崇个体创造性的产业，创意人才在创意产业发展过程中具有举足轻重的意义。当创意成为经济发展的重要推动力，创意人才和人力资本就具有了重要的意义。美国文化经济学家理查德·弗洛里达（Richard Florida）在其《创意阶层的崛起》（The Rise of the Creative Class）一书中指出：创意在当代经济中的异军突起表明了一个职业阶层的崛起。创意阶层与其他阶层的根本区别在于创意阶层的认识构思和解决难题，被要求去发挥，有较多的自主权和灵活性，而属于工作阶层或服务业阶层的人按指令行事。创意阶层由两个基本"层面"组成：一个层面是中心内核，包含从事科学、工程建筑、设计、教育以及艺术、音乐、戏剧的人士。它的经济功能是创造观念、技术和新的内容。另一个层面，是在这个"超前创意"中心的周围形成一个更宽泛的职业者团体，在商业、医学、财政、法律部门供职，是从事与解决各种复杂难题的人士，解决这些难题需要充分的独立判断力和深厚的文化资本。创意需要大量的原始资料的积累，创意不是凭空出现的，它源于创意从业者人文底蕴的培养，创意资料的积累。因此，创意从业者需要不断地从周围环境中汲取创意元素，创意旅游的产生会扩大创意阶层的接触范围，创意阶层也乐于通过该项旅游产品获取更多的创意经验，创意旅游可以为游客提供浓厚的创意氛围，提高创意从业者的创意互动层次，对创意的激发具有极大的促进作用。创意阶层对创意旅游需求的形成基于对休闲体验要素的需求，一个宽松愉悦的环境，有利于激发创意阶层的灵感，创造出更好的产品。

可以说，体验经济的风靡带来了创意旅游的大众需求，而创意阶级的崛起则构成了创意旅游的专业需求。

（三）基于旅游产品的供给

创意产业的发展要求各行业通过产品展示或其他形式进行一定的交流活动，这恰恰为旅游业提供了一个平台，如各项展览、节庆活动等，游客通过参观或参与到此类活动中，接触到各项创意元素，实现个人素质的提高，这些都可以构成创意旅游。

另外，从创意旅游产品的定义来看，创意旅游的关键在于旅游者是否能够获得创意性体验，实现创意能力的提升；创意旅游是基于文化旅游之上的一种新型的旅游产品，以为游客提供体验式经历为主要目标。因此，现存的大量的文化旅游产品都可以作为创意旅游产品的原体，增加产品中的互动元素，为游客获得深层次的体验提供便利条件。同时，创意旅游对实体资源的要求较少，这也就极大地便利了创意旅游产品的开发。

二、创意旅游的概念与内涵

创意旅游这一概念由学者格雷·理查德（Grey Richards）和克里斯宾·雷蒙德（Crispin Raymond）于2000年首次共同提出。理查德和雷蒙德对"创意旅游"作了如下定义：创意旅游指游客在游览过程中学习旅游目的地国家或社区的某种文化或技巧的一种旅游产品；创意旅游者通过参加互动性工作室（interactive workshop），开发自身创意潜能，拉近与当地居民的距离，进一步体验旅游目的地的文化氛围。该概念对创意旅游的表现形式、实现路径及目标进行了具体的叙述，着重强调互动性措施对创意旅游的重要性。这一概念自提出后，并未得到广泛应用。更多的学者认为互动要素的添加有利于当地对文化旅游资源的诠释，提升当地文化旅游产品的品质，而并未采用创意旅游这一概念。

国内学者周均、冯学钢认为，创意旅游并非仅局限于互动要素的添加，理查德和雷蒙德的定义更多地的是从技术层面对创意旅游进行界定。基于以上论述，可以将创意旅游作如下界定：创意旅游是指以旅游者与旅游目的地之间的创意性互动为核心要素的一项旅游产品，旅游者通过此过程实现知识或技能的输入，开发个人创意潜能，形成个性化的旅游体验及旅游经历。

创意旅游并非为创意与旅游的简单合并，并非所有添加了创意元素的旅游产品均可称为创意旅游，创意旅游是应旅游者日益高涨的精神文化需求以及旅游目的地实现可持续发展的需要而产生的一项新的旅游产品。创意旅游与文化旅游关系甚密，文化是创意旅游的核心要素之一，它的形成基于文化旅游，也实现了对文化旅游的进一步发展。

三、创意旅游的特征

创意旅游作为一项新的旅游产品，具有独有的特点，根据对创意旅游的界定，创意旅游主要有如下几大特征。

（一）创意旅游是以文化为本位的旅游产品

创意旅游与文化旅游从本质上来说是相同的，即创意本位，两者都将文化作为旅游产品的主要内容，不过前者比后者对旅游者的要求更高，从这个角度上来说，我们可以将创意旅游称为高级的文化旅游。

创意产业本身是经济发展到一定阶段、人们对精神层面的需求上升到一定高度后才出现的新兴产业，那么创意产业所提供的产品和服务就必须要能够满足人们的精神需求，就必须具有文化品位和文化底蕴。创意产业与旅游业相融合形成的创意旅游自然也是如此。创意旅游以文化资源为生产要素，文化内涵为主要内容，体验式消费为主要特征。人们对旅游创意产品的消费主要是为了满足自身精神需求，是对旅游产品文化附加值的要求。创意旅游的文化本位决定了其具有一般的文化旅游的一些特点，如高附加值、无形性等；同时作为文化旅游的一种发展形式，创意旅游具有其特有的特点。

第一，高品位。创意旅游对旅游者的要求极高。首先，对创意的需求是一种高层次的精神需求，马斯洛提出的"需要层次理论"指出，人总是先追求较低层次的生理需求，当温饱等低层次需求得到一定程度满足后，才会转向追求较高层次的精神需求。因此，创意旅游的消费者一定是具有一定经济水平的消费者。其次，创意旅游中，旅游体验是旅游者自己创造的，而游客只有具有了一定的文化水平，才会领悟到周围环境的内涵，与环境产生共鸣。如果游客没有一定的文化底蕴，外在的刺激物对于游客只不过是无关之物，不能发挥作用。外在的创意刺激物就如同开启创意大门的钥匙，找不到钥匙，创意生产就不能进行，更谈不上创意互动，这种也就和传统意义上的观光旅游无甚大差异。

第二，高流动性。相对于其他有形的旅游资源，创意具有高度的流动性。传统的文化资源如遗迹遗址、建筑设施等，对该类文化旅游资源的消费依托于文化资源的集聚，但创意资源并非如此，世界各地均可以创造并展示表演艺术以及各类艺术品。创意旅游的可移动性的特征源于其对基础设施的低要求，作为创意旅游客体的旅游目的地不需要大量的实体建筑，也无须支付高额的保护和维修费用，因此，创意旅游是一个流动性高的旅游产品，受空间局限少。

（二）创意旅游以产品中的创意元素为基准

创意旅游的客体资源源于创意产业，如手工艺品、表演艺术、摄影等；但与创意产业相关并不意味着就可以构成创意旅游，创意旅游要求有动态的创意过程，旅游者不是被动地参观，而是积极主动地参与，激发创意灵感，发掘创意潜能，从而形成有个性特征的独特的旅游体验。创意旅游的创意基准造就了创意旅游双向性及高附加值两大特征。

第一，双向性。创意旅游需要旅游目的地和旅游者共同协作，只有实现了二者共同作用的旅游产品才算真正的创意旅游。创意旅游的资源不仅要靠旅游目的地来创造，更要靠旅游者自己去创造。因此，旅游者身担创意消费者和创意生产者两职。旅游者参与到他们所消费的创意体验当中，这是旅游目的地必须要保证的关键要素之一。同时，由于旅游者要能够利用当地的旅游资源，这就决定了旅游目的地有义务激发旅游者的创意过程和创意生产。

第二，高附加值。创意旅游的文化性的特征决定了该旅游产品相比普通产品具有更高的附加值，高附加值也是旅游产品的主要特征，这里所讲的高附加值是相对于一般旅游产品的高附加值。创意旅游产品的高附加值来自于旅游目的地与旅游者的共同创造，而一般普通的旅游产品，产品的附加值只是由旅游目的地单方面创造的。因此，创意旅游产品相对于一般的旅游产品具有更高的附加值。

（三）创意旅游需要旅游者与旅游目的地共同协作

作为创意旅游产品，游客参与是创意旅游的关键，创意旅游与传统旅游如文化旅游最大的不同在于，创意体验的获得不仅仅是靠旅游目的地的提供，更重要的是旅游者自身的创造。创意旅游需要旅游者与旅游目的地共同协作。

对于旅游目的地，除了为旅游者提供体验的环境之外，还要能够激发旅游者的创意行为，使其自主自愿地参与到创意过程中，并从所处环境中有所得，运用到自身能力的提高中，从而形成具有个性特征的积极持久的旅游体验。

作为旅游目的地，必须能够提供各项创意旅游资源，主要有以下两种形式：

第一，为旅游者展示各项创意活动。旅游目的地为旅游者展示各项富有创意的活动或者事物，旅游者在导游或其他引导系统的了解下，了解所展览或展示的事物。各大艺术馆、博物馆提供的都是这种创意展示的服务，他们向旅游者展示各项由创意工作者们创造艺术品等，许多节庆活动也可以纳入创意展示的范围。以创意展览为主要特征的创意旅游对旅游者来说形成的创意体验是类似的，即使存在体验上的差异，也只是从被动的接受中所收获的知识的多少。因此，创意展览作为一种低层次的创意旅游也就在于此，它不能为旅游者提供个性化的旅游体验。

第二，为旅游者构建创意空间。所谓创意空间是指能激发旅游者创意灵感，帮助旅游者发掘其创意潜能的一个空间范围。创意空间的主题是不确定的，它为旅游者的再创造预留了大量的空间。同样的环境，不同的时间，会给游客带来不同的体验。创意空间是多功能的象征，没有了既定的主题，任何一种解释都可以成为合理的解释，某个特定空间的代表意义可以根据不同人的观念得到无限的丰富和扩张。简而言之，创意空间具有极高的适应性和动态性。

创意空间的代表是一些以创意为特征的空间范围，由于其创意性的特征，这类空间无论是在视觉上还是在感觉上都极具诱惑力，吸引了大量的游客前来观赏、体验，创意产业园区是一个主要代表。但创意产业园区并不是创意空间的全部，创意空间的关键在于其非主题化，也即创意空间能够充分发挥旅游者主观能动性，实现思维的自由。已经主题化了的旅游环境对创意旅游来说是无效的环境，一旦其内涵或主题已经确定，创意生产的大门也就随之关闭，也就谈不上旅游者的创意再生产，创意旅游的讨论也就毫无必要。

四、创意旅游的应用

我国当前的旅游产品以单一的观光产品居多,旅游资源的开发仅仅停留在表层,创意旅游这一产品可以在一定程度上改善这一状况,有利于实现我国旅游业潜力的深度发掘,促进我国从旅游大国向旅游强国转变这一进程。

(一)创意旅游扩展了旅游资源的涵盖范围

创意旅游使一些原不具备旅游资源特征的资源以及不便于进行开发的旅游资源均可借创意旅游之翼进一步扩大其发展空间。例如在文化旅游资源的开发过程中,我们可以在以往以展示为主要开发方式的基础上引入创意旅游,增强与游客的互动性,如旅游目的地一方面向游客展示各项民俗表演,同时也建立专门的民俗表演学习场所,并配备专门的指导老师;其他一些特色物品也可以采用此类方式,如民俗服装的缝制、风味小吃的烹饪、当地传统物品的制作等,游客在进一步了解该项民俗表演的同时"游有所得",更重要的是游客形成了具有个性特征的旅游体验。

(二)创意旅游也为旅游目的地创造新产品提供了新路径

某些旅游目的地与周边景区相比或具有资源的同质性,或景色劣于他区,吸引游客的竞争优势不强,对于此类地区,则可引入创意旅游,从而创造其绝对的竞争优势。游客游览并不以欣赏自然风光为主要目的,而是以游客的自由创作活动为主体,形式可以包括摄影、绘画以及其他艺术创造活动等。自然风光以创意空间的功能主体存在,其主要功能是为各位游客提供创意素材,激发创意灵感等,与此同时,诸多具有相同爱好的游客聚集一地也能为游客之间互相交流创作经验、加速创意进程提供一个良好的氛围。如此,不具备有形资源竞争优势的旅游目的地以创意这一无形资源形成了自己的独特吸引力。一些城市远郊地区亦可采用此方式实现旅游业的发展。

在全球范围内,已经出现了一些符合创意旅游特征的产品:新西兰尼尔森(Nelson)的"新西兰创意之旅"(Creative Tourism New Zealand),为游客提供多方面的创意体验及学习,内容包括骨雕、纺织、木雕、马里奥语以及新西兰烹饪方法的学习;还有加拿大安大略省的"野郊之美"(Arts in the Wild),主要涉及的内容有绘画、雕塑、雕刻以及摄影,旨在激发灵感,感受自然;法国的香水之旅,巴塞罗那的"美食与烹饪"等,我国某学者在论及对丽江古城旅游开发时提出了"纳西文化与象形文字研习游"的产品开发思路。这些均可以为创意旅游的发展提供思路,成为我们借鉴和学习的对象。

旅游景区开发与区域经济发展

第四节 全域旅游

旅游业发展进入新的战略机遇期后，有越来越多的省份和城市提出了建设世界一流旅游目的地、世界一流旅游城市或者世界著名旅游城市等新的战略目标。例如，北京市提出"旅游资源多样化、旅游服务便利化、旅游管理精细化和旅游市场国际化"等具体要求，上海市提出了优化旅游公共服务、完善旅游土地资源配置等措施。但是，世界一流旅游目的地的建设不仅需要有新的战略举措，同时更需要有发展理念上的突破。在未来的发展中，需要高度重视从旅游产业理念向旅游经济理念的转变、重视旅游产业向旅游目的地理念的转变，树立"全域旅游"的发展新理念，相信这对未来中国旅游经济的发展是会有所裨益的。

一、全域旅游的概念与内涵

所谓"全域旅游"是指各行业积极融入其中，各部门齐抓共管，全城居民共同参与，充分利用目的地全部的吸引物要素，为前来旅游的游客提供全过程、全时空的体验产品，从而全面地满足游客的全方位体验需求。"全域旅游"所追求的，不再停留在旅游人次的增长上，而是旅游质量的提升，追求的是旅游对人们生活品质提升的意义，追求的是旅游在人们新财富革命中的价值。

相应地，全域旅游目的地是指全域范围内一切可资利用的旅游吸引物都被开发形成吸引旅游者的吸引节点、旅游整体形象突出、旅游设施服务完备、旅游业态丰富多样、能吸引相当规模的旅游者的综合性区域空间，是以全域旅游理念打造的全新目的地。

全域旅游强调居民与游客的融合，目标是让旅游目的地真正成为居民的家园、游客的"家园"，而不是成为游客的"主题公园"，居民更不是"主题公园"中的演员。在全域旅游战略中，居民是"家园"的主人，游客也是这个"家园"中的一分子。主题公园只能短暂停留，只有家园才是可以永远值得挂念的地方。在全域旅游目的地空间中，各个产业通过适当的方式进行了有效的融合，使旅游业成为该区域空间内的产业融合的"触媒"和"融头"。

简而言之，全域旅游目的地指的就是一个旅游相关要素配置完备、能够全面满足游客体验需求的综合性旅游目的地、开放式旅游目的地，是一个能够全面动员（资源）、立足全面创新（产品）、可以全面满足（需求）的旅游目的地。从实践的角度，以城市（镇）为全域旅游目的地的空间尺度最为适宜。

二、全域旅游的特征

（一）全新的资源观

根据全新的资源观不仅是旅游吸引物的类型需要从自然的、人文的类型再进一步扩张到社会的旅游吸引物，还需要将吸引物自身与吸引物所处环境结合在一起，否则孤立的吸引物就如同博物馆中的展品，很容易丧失其鲜活的生命力和吸引力。对于中国多数具有文化底蕴的旅游目的地而言，都需要进一步理清自身的文化特质，需要加快进行自身文化的整理和重建，而文化的整理和重建同样离不开生发出文化的地域背景及其存在环境。

（二）全新的产品观

全域旅游的产品观不仅仅是要包括吸引物、吸引物所在的环境，还需要包括吸引物所处环境中的居民；目的地的文化不仅体现在建筑上、文物上，同时也体现在当地居民的交流语言、生活态度、行为方式、文化取向上，居民的参与是全新产品观的重要体现，居民对所居城市的记忆和体验是游客感受目的地的重要媒介和信息来源。

（三）全新的产业观

全域旅游概念中，旅游的发展不是孤军奋战，而是在产业融合中共同发展，有些形成了产业之间的交叉，有些形成了产业之间的互相渗透，有些则通过产业之间的聚变反应创造形成了全新的产业，比如旅游与农业的交叉融合形成的观光农业，文化与旅游的渗透融合形成的主题文化酒店等。

（四）全新的市场观

全域旅游概念中，游客与居民并不是非此即彼的关系，其市场主体也不局限于外来的基于旅游目的的游客，也包括内在的基于休闲需求的居民。居民可以从休闲中享受高品质的生活，休闲中的居民本身也是游客体验的兴趣点。全域旅游不仅要为外来游客提供优质的服务，同时也要充分考虑"生于斯、长于斯"的本地居民的利益。

旅游景区开发与区域经济发展

三、全域旅游的理念

全域旅游与五大发展理念高度契合，也是落实五大发展理念的重要途径。

（一）创新发展方面

发展全域旅游，就是要提升旅游业发展能力，拓展区域旅游发展空间，培育区域旅游增长极，构建旅游产业新体系，培育旅游市场新主体和消费新热点，实施旅游品牌驱动战略和创造旅游发展新引擎。

（二）协调发展方面

全域旅游是推进协调发展、提升发展质量的有效载体，有利于统筹实施供给侧结构性改革，促进供需协调；有利于推动区域特色化发展，促进景点景区内外协调；有利于推进乡村旅游提质增效，促进城乡协调；有利于完善产业配套要素，促进软硬件协调；有利于提升整体服务水平，促进规模质量协调。

（三）绿色发展方面

发展全域旅游，把生态和旅游结合起来，把资源和产品对接起来，把保护和发展统一起来，将生态环境优势转化为旅游发展优势，将绿水青山变成金山银山，创造更多的绿色财富和生态福利，避免陷入"破坏环境换取产值——花费巨大投入医治环境创伤"的恶性循环。

（四）开放发展方面

旅游业是天生的开放行业，而全域旅游更加注重构建开放发展空间，打破地域分割、行政分割，打破各种制约，走全方位开放之路，形成开放发展的大格局。

（五）共享发展方面

全域旅游是释放旅游业综合功能、共享旅游发展红利的有效方式，有利于共建共享美好生活，共建共享基础设施、公共服务、美丽生态环境。实施全域旅游，促进城乡旅游互动和城乡一体化，不仅能够带动广大乡村的基础设施投资，促进厕所革命、道路建设、农田改造等，提高农业人口的福祉，还能提升城市人口的生活质量，并形成统一高效、平等有序的城乡旅游大市场。

四、全域旅游理念的落实

全域旅游理念落地，则需要在全要素、全行业、全过程、全方位、全时空、全社会、全部门、全游客等八个层面加以落实。

(一)全要素

全要素就是将整个目的地作为旅游的吸引物,依附在整个目的地的一切可以利用的资源都有可能成为吸引人们前来旅行的吸引物。为此,应该拓展旅游吸引物的范围,全面挖掘自然旅游资源、人文旅游资源和社会旅游资源,跳出景区看旅游、跳出旅游看旅游、跳出旅游目的地看旅游目的地。要关注传统旅游业之外的其他要素,诸如利用农业、工业等产业资源发展农业旅游、工业旅游等,要关注临近地区旅游资源的"飞地式"利用。只要对旅游者有吸引力,无论是物化的元素(如文化遗存)还是非物化的元素(如目的地的氛围),都应该成为全域旅游发展的吸引物。同时,需要高度重视资源的利用方式,因为资源的价值不仅仅取决于资源本身的品位,更在于采取什么的方式来利用资源。

在全要素理念中,需要从以前强调震撼力的景观要素转向景观要素与环境要素并重的思路上来。其实我们对很多国外旅游目的地、旅游城市的一个深刻感知就是,他们拥有的景观质量未必更高,旅游设施未必更豪华,但是他们往往拥有比我国绝大多数目的地更高的环境质量(包括空气质量和休闲环境)。要想发展全域旅游,让人们自愿作更长时间停留,一定要致力于打造具有感染力、渗透力的环境。这一点将随着休闲度假时代的到来而日益显得重要。

(二)全行业

全行业就是指旅游在整个目的地产业结构中具有突出的地位,是目的地未来产业发展的融合点、动力点与核心点。随着目的地产业结构的调整,目的地的工业、商业、房地产、手工业等产业都可以打通与旅游业之间的关系,用旅游业来改造、提升这些产业的附加值,通过产业融合来推动这些产业与旅游业的共同发展。当然,在全行业融合过程中,未必能够齐头并进,但旅游目的地应该优选其中融合条件较为成熟的行业优先加以推进、发展。

(三)全过程

所谓全过程即指从游客进入目的地开始,一直到游客离开目的地,在这整个过程中,目的地应能提供旅游体验,保证游客从一个体验点到另一个体验点的途中,旅游体验无处不在。因此,在全域旅游发展过程中,应该着力构建"体验点—体验线—体验面—体验场"的体验模型,既重视体验的过程管控,也重视体验的先期介入和后期调控。其实,旅游目的地每个体验环节的创新都可以成为提升旅游体验的"节点",无数个"体验点"的会聚构成

"体验线",无数条"体验线"交织成"体验面",无数个"体验面"又构建出立体的"体验场",这个"体验场"就是旅游目的地提供给旅游者的完整体验。

（四）全时空

全时空就是指在目的地旅游发展的过程中，无论是淡季还是旺季，无论是白天还是夜晚，无论是目的地核心旅游区域内还是核心旅游区域外，都能够给游客提供能够满足其体验需求的产品和服务，让其满怀信心而来，带着满意而归。

从时间上看，随着我国高速交通体系的形成，网格化的竞争格局必将深刻地影响着旅游目的地的发展空间。加强夜间休闲产品的建设是真正将该地区建设成可停留的目的地的重要一环，否则该地区很有可能成为别的地区的旅游资源"飞地"。从空间上看，全空间的发展并不意味着要全面开发搞旅游，而是要形成"斑块—廊道"的发展格局，依赖良好的交通体系，增加产业点、延伸产业链、拓展产业面、构建产业群，形成若干旅游产业聚集区，打造各具特色的旅游主体功能区，形成若干具有资本聚集、项目聚集、客流聚集、消费聚集的旅游产业集群。

（五）全方位

全方位即不仅要满足游客在"吃住行游购娱"方面的体验需求，同时还应该增加"文化、科教、资讯、环境、制度"等相关要素上的供给。只有通过这种全方位的供给，目的地的投资吸引力、旅游吸引力、综合竞争力等才能得到本质的提升，从旅游产业转向旅游目的地、从旅游产业转向旅游经济才能真正得到实现。

另外，需要从主题化、舞台化、场景化等多层次给游客提供旅游体验，从而将目的地经营目标由"到此一游"转向"旅游体验"，甚至转向"设计旅游者的人生回忆"。全域旅游必须在智慧旅游、资讯便利上多下工夫，通过与现代技术的结合，在游览引导、解说服务、休闲消费等方面形成卓有成效的创新，并形成全域性、全方位的应用。

（六）全社会

全社会即吸引目的地最广泛的居民参与到旅游业服务、经营中来，使得最广大的人民群众都能从参与旅游中获得各自的利益，同时也通过最广大人民群众的积极参与，提升目的地的好客度，全面满足游客的旅游体验，提高旅游体验的满意度。吸引最广泛的投资者参与到旅游业的服务、经营中来，使得目的地能够最广泛地汇聚投资能力，形成快速的需求响应能力和多样化的供给能力，从而最大限度地消化市场需求，将市场需求转变为实实在在的目的地旅游收入。

（七）全部门

全部门即全域旅游发展要吸引目的地各大部门积极参与到旅游开发、建设、管理中来，从而推动旅游业发展，同时也可以通过旅游业的发展来拓展本部门的价值。比如，税务部门在积极支持旅游业发展的同时，可以通过旅游业的发展强化税基，从而提升本部门的价值。这方面，河南栾川、重庆武隆、陕西凤县等一些县级目的地已经做出了很多有益尝试。虽然我们不一定要求每个部门都承担推广旅游的指标任务，但的确需要从制度上规定各个部门在目的地开发建设中的义务、目的地营销中的角色分工，尤其是要各个部门在全域旅游战略理念推广、全域旅游市场推广中的角色和义务做出明确规定，要形成全域旅游推广的规范性文本，以便各部门在对外联络推广时统一口径，形成目的地旅游的统一形象。

（八）全游客

全游客即在目的地发展旅游的过程中，游客与居民之间的交融，要体现"游客即居民、居民即游客""人人为旅游、旅游为人人"的理念。从本质上看，游客只不过是一个相对短暂时期内、在异国他乡的短暂居住生活而已，在这个相对短暂的时期内，游客就是这个旅游目的地的居民，要真正将游客的身份融入居民的身份中去，游客在目的地的体验才能深入，游客在目的地的归属感才会强烈，游客在目的地的停留时间才能长久，游客才能真正意义地成为这个旅游目的地的回头客。另外，居民在为外来的旅游者提供良好的服务，创造良好的环境的同时，自己也身处其中，享受着良好旅游环境（包括人文环境、自然环境等）、休闲环境所带来的生活质量的改善、幸福感的提升。

五、从景点旅游模式走向全域旅游模式

从景点旅游模式走向全域旅游模式，具体要实现以下几大转变：

1.从单一景点景区建设和管理向综合目的地统筹发展转变

破除景点景区内外的体制壁垒和管理围墙，实行多规合一，实行公共服务一体化，旅游监管全覆盖，实现产品营销与目的地推广的有效结合。旅游基础设施和公共服务建设从景点景区拓展到全域。

2.从门票经济向产业经济转变

实行分类改革，公益性景区要实行低价或免费开放，市场性投资开发的

景点景区门票价格也要限高,遏制景点景区门票价格上涨过快势头,打击乱涨价和价格欺诈行为,从旅游过度依赖门票收入的阶段走出来。

3. 导游从封闭式管理体制向开放式管理转变

导游必须由旅行社委派的封闭式管理体制向导游依法自由有序流动的开放式管理转变,实现导游执业的法制化和市场化。

4. 从粗放低效旅游向精细高效旅游转变

加大供给侧结构性改革,增加有效供给,引导旅游需求,实现旅游供求的积极平衡。

5. 从封闭的旅游自循环向开放的"旅游十"融合发展方式转变

加大旅游与农业、林业、工业、商贸、金融、文化、体育、医药等产业的融合力度,形成综合新产能。

6. 从旅游企业单打独享向社会共建共享转变

充分调动各方发展旅游的积极性,以旅游为导向整合资源,强化企业社会责任,推动建立旅游发展共建共享机制。

7. 从"民团式"管理向全域管理转变

从景点景区围墙内的"民团式"治安管理、社会管理向全域旅游依法治理转变,旅游、公安、工商、物价、交通等部门各司其职。

8. 从部门行为向党政统筹推进转变

旅游管理不仅仅是旅游管理部门的实务,要在旅游管理方面形成综合产业综合抓的局面。

9. 从简单的国际合作向全方位、多层次国际交流合作转变

从仅是景点景区接待国际游客和狭窄的国际合作向全域接待国际游客,全方位、多层次国际交流合作转变,最终实现从小旅游格局向大旅游格局转变。

第七章 旅游经济发展及模式

第一节 旅游经济增长方式

一、经济增长、经济发展与经济可持续发展

（一）经济增长与经济发展

经济增长与经济发展是相互联系又有区别的两个概念。根据经济学的观点，"发展"一词意味着一个长期处于经济停滞状态的经济能够取得国内生产总值持续每年5%—7%的增长率的能力。但是，这其实只说明了发展的经济方面的含义，事实上，单纯的经济增长并不能保证得到发展。经济发展本身应有更多的含义。按照当今发展经济学界的普通看法，虽然经济增长是发展的基本组成部分，但并不是发展的唯一组成部分。发展不能只理解为人民生活水平的物质、金钱方面的增加，发展还应包括伴随着经济增长过程所出现的制度、社会和行政机构等的迅速改变。从本质上说，发展必须体现变化的全部内容。通过这种变化，整个社会应能满足社会内个人和社会集团的多样化的基本需求和愿望，使大家普遍觉得原来不满意的生活条件已在物质和精神两方面向更好的生活环境和生活条件转变。也就是说，首先，发展必须通过经济增长和合理的分配，满足人们的基本需要。其次，在经济发展的同时，精神上的充实和发展也是发展不可缺少的含义。

根据发展中国家的经历，获得经济发展必须发生多方面的变化。

(1) 生活水平的提高与收入分配状况的改善。

(2) 国家的产业结构发生变化。这不仅表现为制造业比重的扩大，还表现在经济从粗放的、简单产品的生产向应用先进技术的、资本密集型（或劳动深化密集型）高级产品生产的转化。

(3) 文教卫生事业发生了显著变化。预期寿命有所延长，医疗卫生设施

和服务进一步扩大和发展，适龄青少年入学率提高，成人识字率提高。

（4）自然环境和生态环境的状况有所改善等。

因此，我们可以得出结论，一个国家的经济获得增长并不就是经济发展，要寻求真正的发展，发展中国家面临的任务比单纯的国内生产总值的增长要复杂得多，也艰巨得多。经济发展这一概念，既有量的内容，也有质的规定性。故在制定经济发展战略时，不仅要关注数量的增长，更要追求质的变革。在经济增长过程中，如果生产方式和生产技术仍然是以传统为主；如果产业结构没有什么变化，仍然是以传统农业为主，二元结构显明，城市化和工业化严重不平衡；如果生产出来的产品相当一部分是假冒伪劣产品，以坑害消费者利益为代价；如果生产的产品大量积压，缺乏需求；如果生活环境遭到破坏，污染严重，导致人们生活质量下降和健康受损；如果收入和财富分配越来越不均，贫困人口没有减少，甚至还在增加……那么，这种经济增长就不会带来真正的经济发展。

（二）可持续发展

按照1987年世界环境与发展委员会在一份纲领性文件《我们共同的未来》中的定义，所谓可持续发展，就是"既满足当代人的需求，又不对后代人满足其自身需求的能力构成危害的发展"。这一概念的核心思想是：健康的经济发展，应建立在可持续生存能力、社会公正和人民积极参与自身发展决策的基础之上；可持续发展所追求的目标是，即使人类的各种需要得到满足，个人得到充分发展，又要保护资源和生态环境，不对后代人的生存和发展构成威胁。衡量可持续发展主要有经济、环境和社会三方面的指标，缺一不可。

可见，可持续发展并不否定经济增长，尤其是发展中国家的经济增长。毕竟经济增长是促进经济发展、促使社会物质财富日趋丰富、人类文化和技能日益提高，从而扩大个人和社会的选择范围的原动力。但是，传统的增长方式需要改善。可持续发展反对以追求最大利润或利益为取向，反对以贫富悬殊和掠夺性资源开发为代价的经济增长。它应以无损于生存环境为前提，以可持续作为特征，以改善人民的生活水平为目的。

可持续发展与以人为本的发展和经济发展的目的也基本是一致的，它们都强调生活质量的改善和社会的进步。对发展中国家来说，实现经济发展是十分关键的，因为贫困与不发达正是造成资源与环境恶化的根本原因之一。只有消除贫困，才能形成保护和建设环境的能力。世界各国所处发展阶段不同，发展的具体目标也各不相同，但发展的内涵均应包括改善人类生活质量，保障人的基本需要，并创造一个自由平等的和谐社会。总之，体现以人为本和追求发展的持续性应该是发展的永恒主题。

值得注意的是，持续增长并不等于可持续发展。持续增长是要求经济在一个较长的时期内保持较高的经济增长速度。它并没有指出为实现持续增长所支付的代价。而实现经济增长需要耗费各种要素，不仅有人力、物力和财力消耗的代价，还有各种"隐形"的代价，特别是自然资源的耗费。从许多发展中国家谋求经济增长的现实看，为了谋求高速度，资源开发过度，生态平衡遭到破坏，环境受到严重污染，其结果是人类的生存条件遭到破坏。虽然人们的收入增加了，但健康水平下降了。显然，这种付出了沉重代价的经济增长是不可持续的。此外，可持续发展不仅仅强调持续增长，还有对公平的要求。首先是发达地区与不发达地区间的公平。如果发达地区的发展以掠夺不发达地区的资源为代价，如果不发达地区的发展除了消耗自然资源外没有其他资源可以获得，由此造成的不公平就可能导致不可持续发展。其次是代际公平。持续增长只涉及本代人的要求，谋求本代人的福利。但需要指出的是，大部分的自然资源具有可耗竭及不可再生的特点，这些资源为了实现本代人的福利而被滥用、被耗竭，就会牺牲后代人的发展条件，进而牺牲后代人的福利。这种以牺牲后代人的发展条件为代价的增长，显然也是不可持续的。

二、经济增长方式

（一）经济增长方式的含义

经济增长方式指的是实现经济增长的途径。根据经济学有关理论，要实现经济的增长，可通过两种方式：一是在现有技术水平和产业结构不变的前提下，通过增加要素投入来达到经济增长的目的；二是在要素投入不变的前提下，通过改变现有技术，调整产业结构，提高对现有资源的利用率来实现经济的增长。前者称为粗放式的经济增长，后者称为集约式的经济增长。

（二）当前我国转变经济增长方式的迫切性

改革开放以来，我国经济高速发展，综合国力持续提高，人民生活普遍改善，国际地位不断上升。但必须看到，我国经济的高速增长，很大程度上是靠资本投入、资源消耗来驱动的。而这种以"高投入、高消耗、高污染、低效益"为主的粗放型增长方式所引发的效益低下、资源高耗、能源紧缺、环境污染、生态破坏等问题，也是与科学发展观所倡导的全面、协调、可持续发展的基本要求大相径庭的，并将最终给科学发展观的全面落实带来极大

旅游景区开发与区域经济发展

的障碍和危害。

（1）粗放型增长方式与我国的基本国情显然是严重背离的，造成的结果是发展将难以为继。我国的主要资源人均占有量在世界上的排序都很靠后，土地、耕地、森林等均排在100位以后，淡水资源量排在55位以后，45种矿产资源潜在价值排在80位以后。矿产资源保障的前景同样不容乐观。我国的石油、天然气、铜和铝的人均储量仅分别相当于世界人均水平的8.3%、4.1%、25.5%和9.7%。随着经济的进一步发展，铁矿石、氧化铝等关系国家经济安全的重要矿产资源将长期短缺。这就决定了绝对不允许我们靠拼资源发展经济，必须转变经济增长方式。

（2）粗放型增长方式导致经济效益低下，很大程度上降低了发展的质量和水平。我国经济增长速度不低，经济总量也不小。虽然已经实现总体小康，但国家并不富裕，正如党的十六大报告所指出的，我们现在达到的小康还是低水平的、不全面的、发展很不平衡的小康，社会可分配的财力很有限。这其中有多种原因，粗放型增长造成的投入多、产出少则是最根本的原因之一。

（3）粗放型增长方式引发投资需求过热，造成总量失衡，导致经济社会发展的不协调。在粗放型增长方式中，财政收入的增长靠经济规模的扩大，而经济规模的扩大完全依赖投资的增加。为了满足迅速膨胀的财政支出，为了安排日益增长的就业人口，势必要追求经济规模的增长速度。投资膨胀也就成为必然的结果。

（4）粗放型增长方式对国民经济的持续快速健康发展造成许多隐忧，发展将受到极大的制约。从近些年来看，尽管增长速度较高，但由于消耗大量资源，加剧了资源短缺的压力；部分生产资料价格大幅上扬，加大了物价全面上涨的压力；煤电油和交通运输全面紧张，使经济运行绷得过紧。除此之外，粗放型增长方式严重耗费资源，危害生态环境，削弱发展的可持续性，按照现在的高投入、高能耗、低效益的增长模式继续走下去，因资源、能源高消耗而导致的水、电等供应紧张状况将加剧，瓶颈制约将更为突出。

（三）我国转变经济增长方式的重要意义

由以上分析可知，实现经济增长方式的根本性转变已经到了刻不容缓的地步，而实现经济增长方式的根本性转变对于我国经济增长具有重要意义。

1. 实现经济增长方式的根本性转变是推动经济社会全面发展的长期战略

转变经济增长方式有利于实现经济社会的全面发展。科学发展观的本质之一，就是要求经济增长与社会发展并驾齐驱、全面进步。只有转变经济增长方式，科学认识与正确处理速度和结构、质量、效益的关系，才能通过经济持续健康增长而实现全面发展目标。

2. 实现经济增长方式的根本性转变是促进社会各方协调发展的重大抉择

经济社会协调发展目标，是指在经济更加发展、人民生活更加殷实的同时，包括科技、教育、文化、卫生、体育等其他各项社会事业都能够获得相应发展，也包括社会就业、社会保障、社会公正、社会秩序、社会管理、社会和谐等相应进步，还包括社会结构、机制等相应完善。同时，协调发展对全面建设小康社会也是至关重要的。全面建设小康社会绝不是以"经济"为单一目标的小康社会，实质上是一个多重目标的小康社会。转变经济增长方式有助于协调发展目标的实现。实现经济增长方式的根本性转变将大大提高经济效益，从而促进我国经济整体素质和综合竞争力的提升；实现经济增长方式的根本性转变将大幅降低对资源能源的消耗，从而促进我国资源能源的有序高效利用；在农业领域实现经济增长方式的根本性转变，还将有效地缩小现存的城乡差距，使高度的物质文明与精神文明达到城乡共享，推动发达地区和欠发达地区同步全面实现小康社会目标。

3. 实现经济增长方式的根本性转变是实现可持续发展的根本途径

科学发展观的本质之一，要求人类社会与自然环境和谐相处、永续发展。只有转变经济增长方式，才能通过降低能耗、减少污染从而实现可持续发展目标。可持续发展就是要求发展经济和保护自然并行，走生产发展、生活富裕、生态良好的文明发展道路。如果经济发展是建立在过渡性放牧、掠夺性开采、毁灭性砍伐等以环境和生态的破坏为代价的基础之上，那么，不仅资源会难以为继，环境亦不堪重负，而且经济也必将最终陷入危机。

三、旅游经济增长及其影响因素

（一）旅游经济增长

所谓旅游经济增长，就是指一国或一地区在一定时期内（通常为一年），旅游经济在数量上的增加和规模上的扩大。当前，国际通行的衡量旅游经济增长的指标主要是旅游总收入增长率。

（二）旅游经济增长的影响因素

旅游经济增长受多种因素的影响，主要包括以下几种。

1. 旅游资源及其开发和利用的程度

资源禀赋一方面决定着一国或一地区能否发展旅游业，另一方面又影响着该国或地区旅游经济的增长。丰富的旅游资源是开发优质旅游产品，吸引众多国内外游客，促进旅游经济增长的前提条件。但值得注意的是，拥有丰富的旅游资源并不一定能实现旅游经济的增长,只有对旅游资源进行科学的开发和有效的利用,才能将资源优势转化为经济优势,实现旅游经济的增长与发展。

2.旅游投资增长率及投资效率

旅游投资是旅游经济中各种投入要素的价值体现。单独的旅游资源并不能自动转化为旅游经济,它必须经过人的有意识的投资活动,将各种要素有机结合起来。因此,旅游经济的增长离不开旅游投资的推动。在一般情况下,旅游经济的增长率同旅游投资的增长率成正比。此外,旅游投资的效率也会影响旅游经济的增长率,在投资总量不变的情况下,投资效率的提高表明投资对旅游经济的推动力量加大,从而旅游经济的增长速度也更高。

3.旅游从业人员的数量和质量

旅游从业人员对旅游经济增长的作用是双方面的:一方面,在现有旅游设施设备未能得到充分利用的情况下,旅游从业人员的增加将使原本闲置的各种旅游资源得到利用,从而促进旅游经济的增长;另一方面,在从业人员已经饱和的情况下,增加人员将会降低劳动生产率,这又会制约旅游经济的增长。因此,是否增加从业人员主要看旅游设施设备的使用情况。此外,从业人员的质量对旅游经济的增长也有重大影响,一支高素质的旅游从业人员队伍将会大大提高劳动生产率,促进旅游经济的增长。

4.旅游科技水平及其利用程度

旅游科技水平及其利用程度直接影响到旅游资源的开发利用程度和旅游产品的吸引力。不断研发新的旅游技术,开发新的旅游产品,将提高现有旅游资源的利用率和旅游者对旅游产品的需求,从而推动旅游经济的增长。

5.旅游业的对外开放水平

现代旅游活动已经发展为一种全球性的经济活动,这就决定了一国旅游经济的增长必然受国际社会的影响和制约。扩大对外开放水平,吸引国外游客进入和消费本国旅游产品,将极大促进本国旅游经济的增长。同时,加强国际旅游产品、人才、管理技术等的交流和合作,取长补短,相互促进,也会对本国旅游经济的增长产生积极作用。

(三)旅游经济增长方式的转变

旅游经济增长方式是指决定旅游经济增长的各种因素的组合方式和实现旅游经济增长的主要途径。旅游经济增长方式一般有两种:粗放型增长方式和集约型增长方式。

1. 旅游经济粗放型增长方式

旅游经济粗放型增长方式是指在旅游生产要素质量、结构和使用效率不变的情况下，主要依靠旅游生产要素的大量投入，即通过大量开发旅游资源、增加旅游投资和劳动力投入来实现旅游经济的增长。粗放型增长方式的实质是以数量增长为中心，其经济效益一般相对较低。如大量的观光旅游者虽然可以扩大旅游者的接待规模和数量，但由于观光旅游者的消费支出较低，其经济效益通常都不高，对促进旅游经济增长的作用也相对有限。因此，任何国家和地区在旅游业发展初期通常都采取粗放型增长方式，以实现快速的旅游经济数量增长和规模扩大；当旅游经济发展到一定时期后，必然推动旅游经济增长方式的转变，从粗放型转向集约型，以追求旅游经济效益的提高和实际旅游经济的增长。

2. 旅游经济集约型增长方式

旅游经济集约型增长方式是指主要依靠提高旅游生产要素质量和使用效率，即通过旅游科技进步和应用，提高劳动者素质和旅游资源、资金、技术、设备的利用率来实现旅游经济的增长。集约型增长方式的实质是以效益增长为中心，其经济效益通常相对较高。

3. 加快推进旅游经济增长方式的转变

旅游经济增长方式是在一定的社会经济历史条件下形成的，并受一定经济发展水平和经济体制所制约和影响。目前，我国位居世界旅游接待大国的第五位，但旅游经济的综合效益不高。因此，加快旅游经济增长方式的转变，走旅游经济集约型增长道路，实现从旅游大国到旅游强国的跨越，意义重大。

加快旅游经济增长方式的转变，是提高旅游业整体素质和竞争力，参与国际旅游市场竞争的客观需要；是实现旅游经济内涵式增长，不断提高旅游经济效益的客观需要；是合理有效利用旅游资源，加强生态环境保护，实现旅游经济可持续发展的客观需要。为了加快旅游经济增长方式的转变，可采取以下措施。

（1）积极推动旅游科技进步。这是实现旅游经济集约型增长方式的基础，尤其是在旅游业广泛应用现代高新技术，必将为旅游经济的快速增长注入新的活力和动力。

（2）加快旅游教育和培训，不断提升劳动者素质和能力。这是实现旅游经济持续增长的重要保障，也是提高旅游经济整体竞争力的核心内容。

（3）加大旅游经济结构调整力度，改善旅游产品结构，增加高素质旅游客源，合理布局旅游区域结构，优化旅游产业结构，促进旅游经济结构的合理化和高级化。

旅游景区开发与区域经济发展

（4）积极推进旅游经济体制改革，建立适应现代市场经济的产权制度和法人治理结构，为旅游经济增长提供制度化保证。

（5）加强旅游管理的现代化，不断提高旅游经济的投入产出效益，实现旅游经济合理持续增长。

第二节 旅游经济发展战略

一、旅游经济发展的概念

旅游经济发展与旅游经济增长是两个既相互联系又不完全相同的概念。旅游经济发展比旅游经济增长内容更加广泛、内涵更加深刻。旅游经济发展不仅包括旅游经济总量的增长，还包括旅游服务质量提升、旅游经济结构优化、旅游资源有效利用、旅游生态环境改善、旅游经济效益提高和人们生活质量不断改善等，即整个旅游经济质的变化和提升。因此，要正确理解旅游经济发展的概念，必须进一步分析和掌握旅游经济增长、旅游经济结构和旅游经济发展的相互关系。

（一）旅游经济增长与旅游经济发展

旅游经济增长与旅游经济发展是密不可分的。旅游经济增长是推动旅游经济发展的首要因素，并为旅游经济发展奠定必要的物质条件和经济基础。因此，没有旅游经济增长就没有旅游经济发展，旅游经济增长是旅游经发展的前提条件。但是，旅游经济增长毕竟不同于旅游经济发展，由于旅游经济增长通常只是数量的增长和规模的扩大，因此，单纯强调旅游经济增长，在现实中可能出现只增长不发展的局面，从而不仅阻碍旅游经济长期持续发展，而且严重影响旅游经济的可持续发展。因此，必须正确处理好旅游经济增长和旅游经济发展的关系，以保证整个旅游经济的有效增长和可持续发展。

（二）旅游经济结构与旅游经济发展

旅游经济发展既离不开旅游经济总量的增长，又离不开旅游经济结构的合理化和高级化。在旅游经济发展过程中，旅游经济结构合理与否直接关系到旅游经济增长的速度和旅游经济发展的质量，因此，从旅游经济发展的角度考虑，不能片面追求旅游经济的高速增长，必须在旅游经济增长的同时努力促进旅游经济结构的优化。优化旅游经济结构的根本目的，是使旅游资源得到合理的开发利用，使旅游供给体系不断完善和提高，使旅游产业结构更加合理和优化，使旅游产业外部和内部各种重要的比例关系不断趋于协调，并不断向高级化发展，从而充分有效地发挥旅游经济的产业功能和经济优势，全面提高旅游业的综合经济效益，促进旅游经济快速增长和持续发展。

二、旅游经济发展战略

（一）旅游经济的超前发展战略

世界旅游经济实践表明，各国在旅游发展战略上，可以有两种选择：一种是超前型发展战略；另一种是滞后型发展战略。超前型发展战略是旅游经济超越了国民经济总体发展阶段，通过率先发展旅游业来带动国民经济相关行业的发展。滞后型发展战略是旅游经济发展滞后于国民经济总体发展的水平，即在国民经济发展到一个相当高的程度，基础设施已形成较强体系后，自行带动旅游经济的发展。

超前型和滞后型发展战略，是不同经济条件下的世界各国在旅游发展道路上的两种选择，具有一定的客观必然性。与此同时，两种发展战略的运行环境和经济特点有着明显的差异。超前型发展战略的适应条件是旅游的自然环境条件较好，旅游资源拥有量大且旅游产品吸引力强。适应范围主要是经济基础较好的沿海地区和旅游资源丰厚且开发程度较高的地区。由于超前型发展战略是建立在国民经济较低水平之上的，因此，该战略追求的不是本行业内在的经济效益，而是旅游经济的波及效益，即利用旅游经济的综合性的特点，通过对旅游业的高强度投入，全面带动国民经济相关行业的发展。旅游业发展的兴衰，已经不是旅游业本身的问题，而是国民经济全行业发展的问题。旅游业的作用不仅是获取外汇和回笼货币，而且已成为经济腾飞的突破口。我们常说的"旅游搭台，经贸唱戏"就是这种战略下旅游业功能的形象化说明。

我国旅游业是伴随着我国对外开放政策的实施而发展起来的一个新兴产业。从产业运行环境来看，这种产业是建立在较弱的经济基础之上的，要使旅游业在短期内形成较强的产业体系，就要加大对旅游业的资金投入。因此，从短期效益分析，产业的投入与产出严重失衡，在这种情况下，旅游业本身所具有的"投资少，见效快，收益大"的经济特性难以充分体现。如果仅从旅游产业自身效益角度分析，在国民经济基础较弱的条件下，旅游产业的投入似乎是没有道理的。但是，如果从旅游产业的宏观功能去分析，以下三点是值得思考的。

首先，从1978年以后，我国打开国门，向全世界开放。我国实行对外开放政策，必须寻找一个开放的"切入点"，而这个"切入点"就是旅游业。旅游业是一个具有特殊优势的外向型国际性产业，它的运行依赖于世界范围的客源的不断注入，通过旅游业的发展，可以广泛地吸引世界各国的旅游者，向他们提供产品和服务。大量来自世界各国的旅游者通过旅游这个对外窗口，了解我国对外开放的方针、政策以及投资的各种有利环境，有利于我国对外开放政策的落实。

其次，旅游业具有较强的综合性特点。旅游产业体系的形成，涉及众多的相关产业，对旅游业高强度的资金投入，可以带动一定区域范围内国民经济的全面发展。尤其对那些拥有较丰富旅游资源的地区，旅游业的带动作用更为显著。

最后，中国经济大发展的历史时期里，需要借助国外的先进技术与设备，从国外引进技术与设备，就必须建立一大批创汇能力强、见效快的产业，以满足技术与设备引进对外汇资金的需要。与其他产业相比较，作为外向型产业之一的旅游业，在获取外汇方面具有得天独厚的产业优势。大力发展旅游产业，在一个较短的时期内可以得到一定数量的外汇流入，对于急需外汇又缺乏强有力创汇产业的国家，不失为一种行之有效的举措。

综上所述，中国旅游经济发展现状和基本国情，使得中国的旅游业发展必须采取超前型发展战略，按照这种发展战略，在评价中国旅游产业运行质量时，不能就其产业内在效益去评价，而应就旅游产业外部效益，特别波及与连带效益去评价，只有这样才能对中国旅游业发展做出客观的评价，提高对发展旅游业的认识。

（二）旅游经济的推进式发展战略

如前所述，世界旅游业有两种发展模式：一种是国内旅游向国际旅游延伸的常规发展模式；另一种是国际旅游向国内旅游推进的非常规发展模式。所谓国内旅游向国际旅游延伸的发展模式，是一种先发展国内旅游，通过国内旅游的发展，旅游地域的延伸，形成出国旅游，然后再发展国际接待旅游的模式。从社会经济背景来看，延伸发展模式的引入是内聚式生活消费方式的转变。在一些国家里，随着生产力水平的提高、科学技术的进步、工作节奏的加快，人们的生活方式也因此改变。在紧张工作和生活环境压抑下，人们需要暂时摆脱枯燥的城市生活环境，到大自然中寻求精神上的调整和体力上的恢复，于是旅游消费就成为这些国家居民生活消费的重要组成部分。最初，居民的旅游活动仅限于国内地域范围，随着国际政治经济关系的改善和旅游需求力度的增强，国内地域已不能适应旅游活动发展的需要，人们开始走出国门，去领略异国的自然风光和风土人情。发达国家以国内旅游为主的旅游结构，不仅充分满足了国内居民的旅游需要，而且，伴随着国际旅游需求的增长，原先用于本国居民的旅游资源和旅游设施，也逐渐用于接待外国旅游者，从而出现了国内旅游与国际旅游协调发展的局面。

所谓国际旅游向国内旅游推进模式，是一种先发展国际接待旅游，再发展国内旅游，随着社会经济的发展和人民生活水平的提高，然后再发展出国旅游，最终形成以国内旅游为主、国内旅游与国际旅游协调发展的模式。这是一种先发展国际接待旅游，通过国际接待旅游的发展，来全面带动以城市为主体范围的旅游资源的开发、旅游设施的建设，逐渐形成以中心城市为重心的国际旅游体系。随着国内经济的发展，人民生活水平的提高，国内居民的旅游活动开始引入，成为这个体系的一个组成部分。

我国的社会条件、经济条件和消费条件决定，我国旅游业发展只能采用推进发展战略模式。采用这一模式使得我国旅游业发展具有以下几个基本特点。一是旅游业发展以基础和资源条件较好的城市为中心，由旅游城市向其他地区推进，逐渐形成我国的旅游业体系。因此，旅游城市便构成中国旅游业发展的基本框架。不论是旅游资源的开发、设施的建设，还是线路的设置、区域的划分，都是以旅游城市为依托的。二是旅游资源的开发是以现存的自然与人文景观为基础，由观光型旅游资源为主向混合型旅游资源推进。因此，目前中国旅游目的地大多是由自然景观与人文景观较为丰富的地区所构成的。三是旅游的组织方式是以全程旅游路线为主体，由路线型产品向板块型产品推进，逐步形成以路线型产品为基础，以主题型产品与特种型产品为主体的旅游产品体系。四是旅游设施的建设以高等级为主体，由高档设施向中、低档设施推进，最终形成以中档旅游设施为主体，高、中、低相结合的旅游设施体系。

（三）旅游经济的跳跃式非均衡发展战略

旅游经济的跳跃式非均衡发展包含两层含义。一层是跳跃式发展。所谓跳跃式发展，是指旅游业发展在历史阶段上具有超越性，在较短的时间内走完常规发展的历程，这是在时间意义上的发展。另一层是非均衡发展。所谓非均衡发展，是指旅游业发展在地区布局上的不均匀状态，使旅游业在不同国家或地区的地位与作用不同，这是在空间意义上的发展。从时间发展意义上来说，中国旅游经济发展充分利用国情特点，选择跳跃式发展战略，有可能较快地跨越单一的接待海外入境旅游者阶段而进入接待海外入境旅游者和接待国内旅游者共同发展的阶段，从而形成具有特色的旅游产业发展道路。

旅游景区开发与区域经济发展

一方面,中国的旅游经济兼具发达国家与发展中国家的双重特征。另一方面,中国旅游业的客源市场广阔。多层次、多渠道的巨大客源市场,将促使我国旅游业实现跳跃式发展。

从空间意义上来说,在国际旅游发达城市和国土面积相对狭小的国家与地区,旅游业成为国民经济支柱产业甚至主体产业者不乏其例,如意大利、西班牙、奥地利、泰国、新加坡等。但是在美国、日本、德国等工业发达国家或旅游接待大国,旅游业都未成为支柱产业。在中国这样现代交通水平相对较低,经济发展不平衡,地域广大的国度中,加上旅游业本身具有的脆弱性等因素,决定了在相当长的时期内,旅游业很难成为支撑中国国民经济的支柱产业。但从旅游业在国家总体发展中所处地位的判断来看,这并不妨碍旅游业在我国某些具备条件的地区和城市可以大有作为。如北京、西安、杭州、桂林、昆明、承德、深圳等城市和地区,旅游业完全可能发展成为支柱产业。可以肯定,经过多方面共同努力和国家对外开放程度的扩大,旅游业同样可以成为主导产业或支持局部地区和城市经济社会发展的重要产业,并将对国民经济全局发展产生积极作用。

三、中国旅游经济发展战略的基本内容

新时期的旅游经济发展需要形成一个完整的战略体系,其设想可以称为综合协调的旅游经济发展战略体系,概括为一句话,就是"四位一体"。所谓"四位",就是这个发展战略体系主要由政府主导型战略、经济新增长点战略、旅游强国战略、可持续发展战略四方面构成,以形成其综合性。所谓"一体",就是这四个战略集中为一体,积极推进经济体制和经济增长方式的根本转变,即经济增长方式从粗放型向集约型转变。这是旅游经济战略发展的关键所在。所以,应按照一体化的要求,注重四个战略的相关关系,形成合力以促进其协调发展。由于这一战略体系体现了重大而艰巨的体制转变的根本性任务,所以,它的实现过程也是一个较长的历史阶段。也正因为这个道理,新时期的"四位一体"的旅游发展战略才具有长远指导意义。

(一)政府主导型战略

政府主导型战略,就是按照旅游业自身的特点,在以市场为主配置资源的基础上,充分发挥政府的主导作用,争取旅游业更大的发展。政府主导型战略的主体是政府,基础是市场,因此,在制定和实施这一战略的过程中涉及中央政府、地方政府、国家旅游局、地方旅游局以及与市场和企业的多重交叉组合的相互关系。按照发展的实际情况和要求,各个层次和各个方面应

有所侧重和分工，以构成完整的促进旅游业发展的体系，这也符合旅游大国的特点。政府主导型战略的主要内容包括：观念主导、政策主导、管理主导和资金主导等几个方面。参照国际经验，实施政府主导型旅游战略的主要措施有以下几条：建立和完善旅游法制体系；旅游管理部门升级；开征旅游税；增加旅游宣传促销的投入等。

（二）经济新增长点战略

选择和确定新的经济增长点，必须把握五个基本原则：一是符合转变经济增长方式的要求，有利于经济增长的集约化；二是市场需求量大，有利于增加有效供给；三是产业关联度高，有利于带动相关产业的发展和结构升级；四是国际竞争力强，有利于扩大出口创汇；五是投资回收快，有利于形成经济的良性循环。这五个原则也是新的经济增长点的基本特征。经济新增长点的提出和政策化，为中国旅游业的发展提供了新的历史机遇，旅游业的发展，完全符合选择和确定新的经济增长点的五个基本原则。因此，经济新增长点战略就自然成为旅游发展战略体系的一个重要方面。从短期看，是要争取确定为新的经济增长点；从中期看，是要大力培育一新的经济增长点，使之全面发挥作用；从长期看，是要从新的经济增长点发展成为国民经济的支柱产业。

（三）旅游强国战略

中国已经是一个旅游大国，但尚不是一个旅游强国。从旅游大国到旅游强国，这一发展战略的核心是质量，目标是大幅度地提高市场竞争力。旅游发展质量和旅游服务质量构成旅游强国战略的总体框架。价格战略、品牌战略与人才战略是质量的自然延伸，是竞争深化的需要，也是旅游强国战略的有机组成部分。我们必须采取一系列的工作措施和战略对策，使这一战略得以实现，最终形成强大的竞争力，从而参与世界旅游经济的水平分工，以新的姿态在 21 世纪的中国经济发展和世界旅游发展中创造出新的业绩。

（四）可持续发展战略

目前，可持续发展战略已经成为世界性和世纪性的话题，引起了世界各国政府和人民的广泛关注和普遍重视。可持续发展并不是一个简单的环境保护问题，而是从人类的总体社会生活和长远发展的各个方面提出的。因此，可以从自然的、社会的、经济的、技术的各个角度分别阐述。有关的定义有近百种，大家普遍比较认可和接受的是，世界环境与发展委员会纲领性文件《我们共同的未来》的主持者于 1987 年提出的定义，即可持续发展是"既满足当代人的需求,又不对后代人满足其自身需求的能力构成危害的发展"。这个定义有三个要点:一是要满足当代人的需求,即无论富国、穷国,富人、穷人,都有生存权和发展权;二是要考虑后人的满足,即达到代际公平;三是要考虑环境和资源的承受限度。旅游业可持续发展战略的基础是资源的永续利用,核心是旅游业发展中的经济效益、社会效益和环境效益的统一。在实施旅游可持续发展的过程中,政府的宏观决策和管理措施是决定性的因素,这就是在可持续发展思想中制度因素的作用。可持续发展战略是旅游发展战略体系的最后一个部分,从长远看,也是最重要的一个部分。这虽然是一个新的主题,但也是一个永恒的主题。

(五)一体化战略体系

以上所讲的政府主导型战略、经济新增长点战略、旅游强国战略和可持续发展战略,就其实质和重点来说,在这个旅游经济发展战略体系中,政府主导型战略居主导地位,起着决定性的作用;经济新增长点战略的实质是行业规模的扩大与作用的增强,因为任何功能的变化都必然有规模的因素在内;旅游强国战略的实质是质量的提高与竞争力的增强;可持续发展战略的实质是效益,但不是单纯的经济效益,而是经济效益、社会效益和环境效益的统一。因此,简单概括,这四个战略又可称为主导战略、规模战略、质量战略和效益战略。就其内部关系来说,主导是手段,规模是基础,质量是过程,效益是目的。而这四个战略的融合和集中,就是一体化战略体系。目前,要把在旅游业尽快实现"两个根本性转变"当作旅游经济发展战略体系的主导思想,以此来统率四个发展战略的实施。新时期的旅游经济发展战略体系应当是一个综合协调的体系,但在实际过程中可能会有种种不协调的情况发生。例如,偏重规模而忽视质量,偏重速度而忽视效益,强调政府主导而影响了市场发育。反过来的情况也可能会发生。此外,各地情况差异大,在不同的发展阶段要侧重某一个方面的战略,这就容易形成横向的不协调。在长期的发展过程中,也要有阶段性的变化和战略重点的调整,如果判断不清,调整不明,还会产生纵向的不协调。这样来看,"四位"需要"一体","一体"统率"四位",这样就可以始终把握战略方向,控制发展过程,掌握主动权。

第三节 旅游可持续发展

一、旅游可持续发展的内涵

当前,对旅游可持续发展的概念,还没有一个统一的表述,学者们从不同的角度,给出了种种定义,其中,较具代表性的定义如下。

(1)旅游可持续发展可以被认为是在保持和增强未来发展机会的同时满足目前游客和旅游地居民的需求;也可以被认为是对各种资源的管理的指导以使人们在保持文化的完整性、基本的生态过程、生物的多样性和生命维持系统的同时满足经济、社会和美学的需求。

(2)旅游可持续发展是既满足当代人的旅游需求,又不损害子孙后代满足其旅游需求能力的发展。

(3)旅游可持续发展是保证在从事旅游开发的同时不损害后代为满足其旅游需求而进行旅游开发的可能性,将满足游客的需求和满足旅游地居民的需求相统一。

很显然,目前关于旅游可持续发展的概念研究是以可持续发展思想为基础的,但由于可持续发展本身尚出处探究阶段,许多概念及理论尚无统一结论,所以要想给它下一个准确而完整的定义,无疑还需要人们的不断努力。

在现有研究成果的前提下,结合旅游特点,参照可持续发展理论,可将旅游可持续发展作如下定义:旅游可持续发展是指在充分考虑旅游活动对经济、社会、文化、自然资源和生态环境的作用和影响的前提下,努力谋求旅游业与自然、社会、文化和人类生存环境持续协调发展,这种旅游发展模式将为旅游者提供高质量的感受及体验,并与提高旅游目的地人民的生活质量相统一,同时保证不损害后代旅游者和旅游地居民满足其需求的可能性。

二、旅游可持续发展的思想实质与目标体系

(一)旅游可持续发展的思想实质

1.满足全人类需要

旅游资源是全人类共同拥有的宝贵财富,是人类文明进步的见证。发展旅游业首先是通过适度利用旅游环境资源,实现经济效益,满足当地社区的

基本需要，改善当地社区居民生活水平，在此基础上，再满足旅游者对更高生活质量的渴望，满足其发展与享乐等高层次需要。

2. 资源有限性

旅游资源满足人类目前和未来需要的能力是有限的，这种限制性表现为旅游环境的承载力，即一定时期、一定条件下某区域所能承受的人类旅游活动的阈值。只有找到旅游环境承载力的一个最优值域并将旅游开发控制在这一范围之内，才能既满足当代人类旅游的需要又保证旅游环境系统自我调节功能的正常发挥，进而实现旅游可持续发展。对于可再生性旅游资源，必须保证其利用与该资源的"可持续生产"的一致，对于不可再生性旅游资源，应强调节约利用、再利用和再循环。

3. 公平持续性

首先是本代人之间的公平可持续旅游发展重视当地社区的贡献，当地社区有权参与本地旅游开发的有关决策，并分享发展旅游业所获得的收益，社区内部收益分配也必须坚持公平原则，保证同代人之间的公平是各国尤其是发展中国家实施旅游可持续发展战略的首要前提。其次是强调代际公平持续以及公平分配有限的旅游资源，特别是公平分配不可更新的旅游资源。在未找到替代性旅游资源以前尽可能地延长旅游资源的生命周期，避免不可再生资源过早枯竭。

4. 系统性

旅游业是社会大系统中的一个组成部分，与系统的其他部分既相互区别又相互依存，旅游可持续发展战略的实施离不开其他行业乃至整个社会可持续发展战略的实施与运行。

（二）旅游可持续发展的目标体系

要实现旅游可持续发展，既要有战略思想，同时也必须制定一个战略目标体系。1990年在加拿大温哥华举行的全球可持续发展大会上提出的旅游可持续发展的目标是：①增进人们对旅游所产生的环境效应与经济效应的理解，强化生态意识；②促进旅游的公平发展；③改善旅游接待地的生活质量；④向旅游者提供高质量的旅游经历；⑤保护未来旅游开发赖以生存的环境质量。由此可见，旅游可持续发展是一个多层次、多元化的目标体系，该目标体系是其思想的重要组成部分和实际体现，其核心内容是要保证在从事旅游开发和旅游活动的同时，不损害后代为满足其旅游需求而进行旅游开发的可能性，将满足现代游客的需求和满足旅游区居民的需求相统一。

具体说来，我国旅游业可持续发展的目标内容包括以下几个方面。

1. 生态的持续性

就是在一定限度内维持生态系统的结构、功能，保持其自身调节和正常循环水平并增加生态系统的适应性和稳定性。它要求生态系统受人为干扰达最低限度，人类活动不能超过旅游地生态承受能力、经济技术承受能力及社会心理承受能力，以维持旅游地复合生态系统的平衡和稳定性。

2. 旅游的持续性

就是在不破坏生态环境的前提下，适度、合理、充分地开发利用旅游资源，突出旅游特色，进行再生性、创造性和多样性的开发，巩固、改善和提高旅游资源的吸引力、竞争力，减缓不可更新旅游资源的衰竭速度，改善经济增长的质量，要运用一定的技术、经济手段和措施并完善设施，提高旅游地的便利性和可进入性，正确处理好旅游发展与市场需求的关系，避免淡季过淡、旺季过旺的不协调现象。同时切实保护好未来旅游赖以存在的环境质量。

3. 社会经济的持续性

就是用最小的资源成本和投资获得最大的经济效益和社会效益，以满足人们的需要，恢复和促进旅游地的经济增长，提高居民的生活质量，防止因贫困而对旅游资源进行掠夺式开发。同时，改变增长质量，以实现人的全面发展，提高公众参与可持续发展的能力，提高人类社会的运行效率和效益，维持经济和社会的长期平稳发展。

三、旅游可持续发展的对策

（一）树立新观念，充分认识旅游经济可持续发展的重大意义

1. 系统观与旅游可持续发展

人类生存的整个地球及其各个局部是自然、社会、经济、文化等多因素组成的复合系统，它们之间既相互联系，又相互制约，其中任何一个方面功能的削弱或增强都会影响其他部分，影响可持续发展进程。在实施发展战略时，需要打破部门和专业条块分割的局面以及地区界限，从全局着眼，从系统的视角进行综合分析和宏观调控。旅游业是社会系统的组成部分，与系统的其他部分既相互独立、自成体系，又相互依存。推进旅游可持续发展，必须考虑旅游在区域发展中的功能作用以及与相关子系统在功能上的匹配与否，任何超越客观条件的超前发展和人为限制旅游业发展的滞后性做法，都会阻碍旅游可持续发展的实现。

2. 资源观与旅游可持续发展

对不同属性的资源，采取不同的对策。对不可再生资源应提高使用效益，

寻找替代性资源,尽可能推迟其枯竭的时间;对可再生资源,要限制在其再生产的承载能力限度内。将资源价值核算纳入经济体系之中,改变资源无价或低价的现状,保证资源的持续利用。旅游业的发展对人类的自然遗产等旅游资源有着很强的依赖性,旅游资源的开发潜力和可利用程度是旅游业发展的基本前提。应针对旅游资源的不同类别与属性差别,协调资源开发、保护与人类旅游需求的关系,科学、合理地规划、开发与保护好珍贵的旅游资源,使之能最大限度地发挥其应有的价值并尽可能地延长其使用寿命,促进旅游资源的持续利用。

3. 平等观与旅游可持续发展

可持续发展的平等观包括三层意思:一是本代人的公平分配和公平发展;二是代际公平,反对为满足自己需求而损害人类世世代代满足需求的条件——自然资源与环境的行为,让后代享有公平利用自然资源的权利;三是公平分配有限资源。旅游业的发展应在满足当代人需要的同时,杜绝掠夺式开发旅游资源,保证后代人能公平享有利用旅游资源的权利,满足后代人发展旅游业和进行旅游的需求。

4. 协调观与旅游可持续发展

可持续发展的协调观认为生态、经济与社会的协调发展是可持续发展的前提,没有协调发展就根本不可能实现可持续发展。对于系统中的各子系统应做到组合优化、和谐有序。这里既有各要素在结构、功能、区域上的协调,也有它们在时段上的协调;强调一个子系统中的要素和其他子系统中的要素之间、子系统内部各要素之间的协调发展。旅游业要实现可持续发展,不仅应考虑旅游业与经济社会发展水平,也要兼顾生态环境对旅游业发展规模、档次的承载能力,同时对旅游业自身的各要素如旅游资源的结构、等级、客源市场以及旅游相关产业等基本情况进行分析综合,保持适度发展规模,促进旅游业协调、稳定、健康、持续发展。

5. 全球观与旅游可持续发展

许多资源与环境问题已超越国界和地区界限,具有全球的规模,人类所面临的共同问题,不是仅靠某些国家就能解决的。要实现全球的可持续发展,就必须建立起巩固的国际秩序和合作关系,人类必须携手并肩,互相帮助和支持,共创辉煌的未来。旅游资源是全人类共同拥有的财富,是人类文明进步的见证。实现旅游可持续发展,就必须摒弃狭隘的区域观念,加强国际交流与合作,充分利用人类所创造的一切文明成果,特别是那些有利于旅游业发展的技术、信息与现代管理手段,实现全球旅游业的繁荣与发展。

（二）保护旅游生态环境

目前，我国旅游业发展中存在一些违反可持续发展规则的不合理现象，如旅游资源家底不清和盲目开发、资源供需失衡、生态系统的破坏和环境退化、国民环境意识淡薄、游人环保意识不强、游人的不文明行为，这些都威胁着旅游业的可持续发展。保护旅游生态环境应抓好以下几项工作。

1. 强化旅游可持续发展的意识

从目前旅游现状来看，旅游可持续发展思想还未成为旅游业的管理者和投资者及旅游者的共识。人们对事物有了高度的认识，才会有自觉的行动。对旅游资源、环境与旅游业可持续发展的关系，以及与人类的生存关系有了正确的理解，旅游经营者才会严格执行环境保护方针、政策和法令，建设好环境，管理好环境，旅游者才会自觉遵守环境资源保护法和有关规定，爱护旅游资源。

2. 坚持保护与开发并重的方针

过去在认识和宣传上存在误区，过于展示我国旅游资源具有优势的一面，而忽略了我国资源相对不足、生态环境脆弱的一面。大江、大河、大流域的环境污染，不断退化的生态环境，低水平重复性的开发建设，对我国旅游业的发展构成了严重威胁，各级政府和旅游管理部门对此应保持高度警惕。我国是旅游资源总量大国、人均小国，开发利用与管理上的弱国。在旅游开发中，要坚持保护方针，科学评价、科学规划、科学论证，建设精品工程，以使旅游开发同环境相协调，制止"建设性"破坏。

3. 合理确定旅游客容量

我国旅游资源在世界上有较高的知名度，对海外游客有较大的吸引力，形成一股旅游流。主要位于我国中西部的边远或民族地区的观光旅游、生态旅游、森林旅游，对东部沿海的城镇消费者有较大的吸引力，形成一股旅游流。城市旅游对农村或乡镇居民有较大吸引力，形成一股旅游流。这些旅游流对旅游区生态环境的压力很大，在旅游流动中形成交通拥挤的被动局面，形成山区等边远或民族风景区因设施条件差引起旺季负载大、游客感受不佳的局面。因此应从旅游地居民心理容量出发，依据游客密度、旅游经济效益、土地利用强度等影响因素及其相互关系，计算出同一旅游区不同发展阶段的旅游承载力指数的变化值。依据变化值体现出的变化发展方向采取适当的调控策略，从而选择对环境最佳利用的旅游方式。

4. 大力推广草业科学

绿色植物有涵养水源、保护水土、改变大气质量的功能，使旅游者产生最舒适的视觉感应。据一位专家研究，城市人均绿地9平方米以上，绿地面积占城市面积 30%～50%，才能形成良好的生态环境。因此在旅游区、旅游城市要有计划地推广草业科学，有计划地进行绿化、美化，建设多层次、结构合理的旅游点。

（三）坚持旅游资源保护性开发

长期以来，在旅游实践活动中，没有把旅游资源的消耗纳入旅游成本之中，忽视和歪曲了旅游成本的构成，低估了旅游的成本水平，虚增了旅游新创造价值部分，在我国旅游开发决策者、研究者和建设者中形成"旅游业是低投入、高产出的劳动密集型产业"的思想。在这种思想的指导下，旅游目的地的政府和企业为了本地和集体的利益，不顾环境和社会经济文化环境的实际承受能力而过度开发利用当地的旅游资源，旅游业在宏观调控上基本上处于一种失衡状态。在微观上，各地的旅游企业各自为政，形成恶性竞争，对旅游资源进行重复开发甚至破坏性开发，严重地制约了旅游业的可持续发展。

因此，只有对旅游资源进行保护性开发，才能实现旅游资源的可持续利用。

1. 正确普查评价旅游资源

这些年来，我国旅游资源研究发展较快，但所持观点和所依据的原则差距很大，在资源分类、评价等基础理论上存在标准不统一的现象，造成资源调查和有效统计方面的困难。因此，我们应深入研究"旅游资源"及相关概念的科学界定，建立明确、简捷的旅游资源应用分类系统、评估体系，对资源种类、等级、品位、组合特征、价值、分布等进行实事求是的评价。同时对资源的优势和劣势、利用前景、效益预测等方面进行科学分析、论证，尽早建立我国旅游资源文库。

2. 开发旅游名牌产品

旅游名牌产品是旅游地整体形象的构成要素。旅游资源只是可供旅游业发展的原材料和基础条件，旅游产品是对旅游资源的开发和综合利用，旅游名牌产品是通过对旅游资源的开发和综合利用后，成为具有轰动效应和独特价值的特殊吸引物。它的功能在于能带动几个旅游点或旅游区的发展，并使这种发展具有超常、跳跃的特性，形成巨大的磁力效应。在当今旅游产品开发经营活动中，旅游资源趋同、建设主题趋同、质量标准趋同、促销手段趋同，谁拥有旅游名牌产品，谁就有旅游业持续发展的生命力，就能在激烈的市场竞争中获胜，取得良好的经济效益。

3. 提高旅游业科技含量

我国旅游业科技化战略实施的时间晚，起点较低，发展水平不高，高科技含量低,科技化进程缺少长远规划和预测,不具超前性,缺少产业内部的科技实体,忽视了旅游业的综合性及其所要求的在科技化进程中与众多相关行业科技化进程相协调等特点。目前急需解决这些问题,要对旅游科学的基础性问题进行深入研究,明确旅游科技创新及提高科技含量的领域和重点:在旅游生产力要素(旅游资源、饭店、餐饮业、旅游交通和运动探险类设备、旅游商品、纪念品、旅游娱乐休闲项目、废弃物处理系统等)、旅游服务与运营保障体系、旅游促销和管理领域进行科技创新,力争提高科技含量,在社会、经济、文化中充分发挥综合作用。

4. 维护和保护旅游名牌产品

目前我国尚无注册旅游名牌产品的机构,尚无旅游名牌产品被开发后到国家工商行政管理局进行注册的法规条例,致使我国某些区域旅游产品雷同、模仿、受到冲击,影响可持续发展。政府要制定旅游名牌产品进行注册的法规条例,成立旅游产品注册机构。旅游经营者要在积极创名牌的同时,增强旅游名牌产品注册意识。在时间上坚持先期注册,即在旅游名牌产品创出之前就申请注册,依法取得旅游产品的专利权。在区域上坚持辐射性,即同时在许多省或地区注册,提高旅游产品的市场覆盖率及市场知名度。

(四)采取行之有效的营销策略

1. 提高服务质量

著名的管理学家彼得·德鲁克指出:在企业经营中,产品可以被竞争者模仿,而服务则具有特性化,不容易被模仿取代。因此,要使服务成为行之有效的营销战略,就要求旅游企业在产品的售前、售中、售后以及产品生命周期的各个阶段采取相应的服务措施,并以服务质量为中心,施以全方位、全过程的控制。

2. 宣传旅游地整体形象

旅游地形象主要指旅游者对旅游地总体的、抽象的、概括的认识和评价,是对旅游地历史印象、现实感和未来信息的一种理性结合。旅游地整体形象决定着旅游地客源市场的形成与发展,很显然,它成为旅游促销的重要内容,影响着旅游可持续发展。

3. 建立互联网多媒体互动系统

随着信息技术的进一步发展,利用互联网多媒体互动系统将旅游景点动态地展现给消费者,使人们足不出户就可以领略各种风景名胜和人文风俗,这样可减轻对旅游地环境、交通压力及对生态环境的影响;利用多媒体互动系统介绍各种旅游产品,使旅游者产生亲历其景的冲动,加强对将要购买的产品的了解；可以在旅游产品的推销方面起到传统的推销方法达不到的效果。利用互联网络来推销自己的产品，使资源在全球范围内跨国界流动、合理配置使用，提高旅游服务质量，扩大市场规模，优化市场结构，降低企业市场交易成本，有利于我国旅游业的持续发展。

4. 全球营销

随着市场竞争的加剧，世界经济一体化进程的加快，以及信息化时代的到来，知识经济时代经济全球化的发展趋势决定了旅游业的营销必须实行由政府牵头，联络与旅游关系密切的部门，开展政府主导型的促销方式，有利于我国旅游业的持续发展。

5. 全球营销

随着市场竞争的加剧，世界经济一体化进程的加快，以及信息化时代的到来，知识经济时代经济全球化的发展趋势决定了旅游业的营销必须实行由政府牵头，联络与旅游关系密切的部门，开展政府主导型的促销方式，有利于我国旅游业的持续发展。

第四节 旅游产业融合与业态创新

用融合发展的观点来统领各个产业的发展、协调各个产业的关系，既是对旅游业功能与地位的新认识，也是发展理念的创新。产业融合与新业态发展已经成为推动我国旅游业发展的重要形式，是一种产业创新。

一、旅游发展的新趋势

经济新常态时代，随着我国扩大内需、低碳经济、带薪休假、交通大发展、城乡统筹、"一带一路"战略等重大利好条件刺激下，中国旅游业发展前景广阔，旅游需求旺盛，旅游业蓬勃发展，旅游发展呈现出创新化、国际化、产业化、市场化、融合化、集群化、人本化和可持续化八大趋势。

（一）创新化趋势

创新是旅游发展的根本，也是中国旅游业寻求突破和跨越的关键。一切都有赖于创新，创新包括原始创新，集成创新，引进、消化再创新。以创新理念认识旅游资源、开拓旅游市场；以创新理念定位开发战略、优化产业布局；以创新理念规划旅游产品、推销旅游产品；以创新理念运作旅游业态、开发旅游项目等。

（二）国际化趋势

随着经济全球化和一体化的发展，国家之间的界限正日渐模糊，不同文化背景之间的交流日趋频繁。在这样的环境下，旅游发展也必然呈现出国际化的趋势，即在旅游资源的认识、评价与开发、客源市场定位、旅游项目的设计、旅游设施的环保安全、旅游教育和培训等方面注重与国际接轨，本着"引进来"和"走出去"相结合的原则，进一步探索对外开发新形态，深化和拓展国际合作的内涵与外延。因此，国内旅游学者和专家要培养更加强烈和全面的竞争意识，在国际上开展广泛的合作和交流。同时，还要培养具有国际化视野、国际化理念、国际化人才、国际化方法，实施国际化管理而又植根于本土文化的，融产、学、研、商于一体的旅游规划设计品牌机构。

（三）产业化趋势

实现旅游产业化的条件是旅游业的现代化、国际化、规模化和市场化。现代化是旅游产业化水平的标志，国际化是旅游产业化的空间跨度，规模化是旅游产业化的发展基础，市场化是旅游产业化的运作方式。与此相适应，旅游规划应该站在产业的高度，不断完善旅游产业体系、着力提升旅游产业竞争力、着力提高旅游产业的综合效益，建立起"大旅游"的产业发展格局，充分发挥旅游产业的经济、社会、环境等综合功能。

（四）市场化趋势

市场是旅游的基础。中国已经是一个经济大国，市场是中国旅游发展的最大优势。作为拥有14亿人口的大国，中国在世界上具举足轻重的地位，而且消费力量越来越强，已由原来的低层次消费发展到中端消费，这意味着我国在国际上的地位越来越高。中央扩大内需战略为旅游业发展指明了方向，国内旅游对旅游业增长起到了更加强劲的推动作用，旅游规划更应该立足于市场，为实现"成为让人民群众更加满意的现代服务业"的目标奋进。

（五）融合化趋势

现代旅游系统是一个涉及多个产业、多个部门的现代社会经济边缘组合系统。加快产业融合是转变旅游业发展方式的重要支撑，推进旅游业与第一、二、三产业的融合发展，从行业和部门规划迈向融合规划。通过规划将旅游业融入服务业，有效对接工业、农业和现代服务业，使旅游业成为带动相关产业发展的纽带。此外，旅游规划应充分体现产业间的协调、整合，不仅是

旅游景区开发与区域经济发展

对旅游业及与其直接相关的信、食、住、行、游、购、娱行业的规划整合，还应注重旅游规划与当地主体功能区规划、社会经济规划和城乡发展建设规划等综合性规划的对接和融合。

（六）集群化趋势

按照"龙头企业引领、重大项目拉动、增长极核带动"的方针，把迅速培育大型旅游企业作为关键点，把加快重大旅游项目建设作为着力点，把加快精品旅游区建设、打造特色旅游产品、提升精品旅游线路、积极发展重点城（市）镇作为突破点，推动旅游要素向旅游景区、旅游通道、旅游城（市）镇聚集，加快旅游聚集区、聚集带的建设，全面提升产业竞争力。

（七）人本化趋势

在旅游规划中，应注重人类文化学视角和方法的运用，强化旅游业对于人民群众的"服务"性质，促进旅游业发展成为"人民群众更加满意的服务业"。"以人为本"的发展哲学，必须研究旅游者、当地居民、开发者等多重主体及其相互关系。关注游客需求、游客体验和游客细节，培育"客人"对他域环境的尊重、学习、感恩之心；尊重原住民的生存空间和社区参与，增强"主人"对本土文化的自信心和自豪感；强调"开发者"的环境责任心，权衡责任权利和效益权利间的关系。

（八）可持续化趋势

资源条件和环境容量压力明显增大是新时期旅游业发展的重要挑战。以旅游可持续发展为目标，强化旅游资源保护，综合把握旅游业在绿色生态、节能环保方面的产业优势，在全行业推进节能环保的绿色发展理念，走生态旅游、低碳旅游的道路，在全社会形成环境友好型旅游方式与资源节约型旅游经营方式的广泛共识，将旅游产业建设成节能环保的绿色产业。

二、旅游产业融合

在需求持续扩张和科技不断进步的时代背景下，产业边界变得不再明晰，产业之间的融合加快，这促使旅游业与多个产业融合发展，互相依托形成了多业共生、混业发展的模式，诞生了许多新型的旅游复合型业态，如旅游演艺、旅游装备制造、旅游地产、会展旅游、城市旅游综合体等，形成诸如"旅游+地产""旅游+会展""旅游综合体""旅游+航空"等产业模式，推动旅游业升级转型。旅游产业综合性强、关联度高、产业链长，要结合本地实际，找准结合点，全面推进旅游业与其他产业融合发展。推动旅游业与第一产业融合，深度开发乡村旅游，促进落后地区、农村地区的发展；推动旅游业与第二产业融合，发展旅游装备制造业；推动旅游业与第三产业融合，发展文化旅游。

（一）旅游与第一产业的融合

旅游与第一产业（主要是农、林、牧、渔业）的融合主要体现在乡村旅游的开发上。乡村旅游是解决"三农"问题、实现城乡统筹、进行新农村建设、构建和谐社会的重大举措，是提升对外形象、树立旅游品牌、促进地方经济又好又快发展的最佳途径。除了发展有特色的农家乐、牧家乐、渔家乐外，深度开发乡村旅游，延伸乡村旅游产业链，主要包括以下几方面内容。

1. 依托保存完好的乡村民俗，发展特色旅游村落

充分利用农业遗产、农业遗存以及具有浓郁乡土特色的民间艺术，提高乡村旅游吸引力，并大力发展旅游特色村落和乡镇。

2. 依托农副土特产品，打造旅游商品生产基地

依托畜禽、粮油、蔬菜、瓜果等特色农产品和农副产品，逐步实现由初级加工向高附加值精深加工转变，建设有机绿色食品和特色旅游商品生产基地。以"体验有机生活，享受健康饮食"为主题，依托生态养殖的优势，开发有机生态特色餐饮，创建如"有机鱼鲜汇""有机果蔬宴"等有机餐饮品牌。

3. 依托现代农业基地，打造全国休闲农业示范点

依托粮油基地、有机蔬菜生产基地、特色果林种植基地、花卉生产基地等现代农业基地，培植有机蔬菜、经济果林、畜牧养殖、特色花卉等特色主导产业，创建全国休闲农业示范点，充分体验有机农业、休闲农场、创意农业、科技农业、设施农业、立体农业等多种农业形式。

4. 依托乡村良好生态环境，营造乡村大地景观

依托乡村良好的原生态环境，或者通过农业种植结构的调整，营造优美的乡村大地景观。可供借鉴的典型有法国普罗旺斯的薰衣草和图卢兹的向日葵等。

5. 依托乡村优质环境，创建乡村度假新业态

依托乡村优质环境，创建乡村旅游度假新业态，如乡村酒店、乡村俱乐部、乡村高尔夫球场、乡村星级家庭旅馆、乡村家庭博物馆等。休闲农业是以促进农民就业增收和社会主义新农村建设为重要目标，横跨农村第一、二、三产业，融合生产、生活和生态功能，紧密连接农业、农产品加工业和服务

业的新型农村产业形态。乡村旅游是以农业生产、农民生活、农村风貌以及人文遗迹、民俗风情为旅游吸引物，以城市居民为主要客源市场，满足旅游者乡村观光、度假、休闲等需求的旅游产业形态。发展休闲农业与乡村旅游是我国经济社会现实发展的客观需要，对推进我国农业转变发展方式、优化调整农村产业结构、促进农民就业增收、建设社会主义新农村、扩大内需、统筹城乡发展以及拓展旅游业发展空间具有重要的意义。

（二）旅游与第二产业的融合

1. 旅游装备制造业

旅游装备制造业将是未来旅游投资的重要方向。我国将大力培育发展具有自主知识产权的休闲、登山、滑雪、潜水、露营、探险、高尔夫等各类户外活动用品及宾馆饭店专用产品，提高旅游工艺品、纪念品的设计和制造水平，推动旅游房车、邮轮游艇、景区索道、游乐设施、数字导览设施、小型旅游飞机等旅游装备制造业的发展。

2. 旅游商品加工业

大力提升传统手工艺制品（如丝绸、陶瓷、刺绣、石雕、木雕、根雕等）和地方名特优产品研发制造加工水平，开发、策划、包装生态食品、工艺品和具有特色的旅游纪念品，大力发展旅游购物，提高旅游商品、旅游纪念品在旅游消费中的比重。

3. 工业旅游

工业旅游是伴随着人们对旅游资源概念的拓展而产生的一种旅游新概念和产品新形式。中国近年来发展的工业旅游主要是依托运营中的工厂、企业、工程等开展参观、游览、体验、购物等活动。工业旅游在发达国家由来已久，特别是一些大企业，像德国的西门子、美国的通用等，它们利用自己的品牌效应吸引游客，同时也使自己的产品家喻户晓。在我国，也有像四川长虹、广州本田这样的现代化企业，已经兴办起工业旅游，并有越来越多的现代化企业开始注重工业旅游。中国著名的工业企业如青岛海尔、上海宝钢、广东美的等也相继向游人开放，许多项目获得了政府的高度重视。融入工业发展产业形势，积极开发工业基地考察游等新型旅游产品，加快形成一批工业观光、购物、考察和体验旅游示范园。

（三）旅游与第三产业的融合

旅游与文化、体育、商业、教育、科技等相关第三产业融合，能够形成文化旅游、体育旅游、探险旅游、养生旅游、商务旅游、会展旅游、自驾旅游、科技旅游等，不仅直接增加了旅游产业和相关产业的总量，而且会拉动金融、交通、物流、信息等相关第三产业的发展。

旅游产业与第三产业的融合主要体现在与文化产业的融合上。文化产业是旅游产业发展的重要根基和资源基础。1986年联合国教科文组织正式公布了文化统计框架（TCS）。框架将文化统计分为10类：文化遗产、出版印刷业和著作文献、音乐、表演艺术、视觉艺术、音频媒体、视听媒体、社会文化活动、体育和游戏、环境与自然。这10大类无一不与旅游产业密切相关。文化与旅游两大产业均属于资源"非消耗型"和"保护型"产业，两大产业的融合符合国际上产业生态化的总体趋势。文化与旅游产业融合，不仅可以提升旅游的文化内涵和品位，将文化加载到旅游这一载体上，有利于文化发掘、保护与传承创新，而且有助于有效实现文化资源保值增值，产生明显的社会经济效益，实现文化与旅游两大产业的资源优化配置与优势互补，构建文化旅游产业一体化发展的局面。

目前文化与旅游的融合主要有以下几种形式。

1. 旅游与文物保护单位的融合

大多数旅游景区内部都有不同级别的文物保护单位，其文物价值的独特性、差异性、唯一性赋予了旅游的不可复制性。同时，旅游区内的文物通过旅游收入得到可持续的保护和利用。

2. 旅游与演艺的融合

大型的娱乐演艺活动可以解决游客晚上消费的盲点，增加过夜旅客的数量，强化旅游的文化内涵。如《印象·刘三姐》《道解都江堰》《金沙遗址》《康定情歌》等。旅游发达地区一个成功的经验就是将文艺演出常态化，将区域内有特色的非物质文化遗产以综艺节目的形式呈现给旅客或让游客参与其中，在欣赏和参与之中感受当地文化的厚重和民风、民俗的纯朴。2011年，文化部、国家旅游局联合评选出首批"旅游演出类国家文化旅游重点项目名录"，《西湖之夜》《印象·刘三姐》《宋城千古情》《东北二人转》《禅宗少林音乐大典》《魅力湘西》等35个文化旅游演出项目上榜。

3. 旅游与节会的融合

节会经济是旅游发展不可逾越的历史阶段。在旅游发展的初级阶段，节会是旅游发展的助推器，通过节会集聚人气，拉动市场，培育具有影响力的节庆品牌。

三、旅游业态创新

（一）旅游业态的含义

"业态"一词源自日本，最早用于描述零售业中的零售点、专卖店、百货商场、超级市场等经营形式。随着业态理论的发展,"业态"一词不再仅是零售业的专属词汇。当"业态"和"旅游"结合在一起,便出现"旅游业态"这一新名词。邹再进指出,旅游业态实际上是对旅游行(企)业的组织形式、经营方式、经营特色和运行效率等的一种综合描述,并从空间和时间维度,指出旅游业态应该从内部结构探讨其结构的合理性和高级化程度,并将之视为包含业种、业状和业势三大内容的一个多维复合概念。杨玲玲,魏小安认为旅游业态即指旅游企业及相关部门根据旅游市场的发展趋势以及旅游者的多元化消费需求,提供有特色的旅游产品和服务的各种经营形态的总和,并进一步指出旅游业态有别于旅游行业和旅游产业。

传统旅游业态是单一传统旅游观光围绕旅游食、住、行、游、娱、购六要素服务的一种经营形态。新兴旅游业态由于消费市场、消费结构、产业结构发生变化和消费需求提升,各地区、各企业为了提升市场影响力和竞争力,在其发展中融入新的思路或转化出新的内容,创造出一些不同于传统业态的业态。目前出现的很多旅游新变化正是业态创新的具体表现,如投资主体的多元化,旅游产品的多样化,旅游线路的组合化,旅游服务的精细化,旅游目的地的差异化,旅游经营的标准化,景区营销的数字化,旅游经济的产业化等。

(二)旅游业态创新的基本模式

旅游业态虽然是旅游产业的表现形式,反映在旅游业各个层面,但从微观层面来说,旅游企业才是业态创新的真正主体。所以应从旅游企业本身来研究业态创新机制问题。张文建总结出包括资源整合式、专业分化式、组织创新式、服务外包式、技术推动式、区域集中式、业务融合式以及俱乐部式等八种旅游业态创新的基本模式(见表7-1)。

表 7-1　旅游业态创新的基本模式

业态创新模式	基本含义	出发点与侧重点	适应对象	举例
资源整合式	通过建立特定的组织把同种类型的旅游资源加以分类整合，成立一种类似于旅游超市和专卖店的形态，以利于集中推广	资源共享、营销推广	政府和行业协会	旅游集散中心、工业旅游促进中心、农业旅游促进中心、水上旅游促进中心等
专业分化式	随着市场的不断扩大和分工专业化的加深，在原有比较成熟的旅游企业内部，将某些部门功能强化后独立出来所形成的业态	市场细分、专业提升	中小型企业	导游服务公司、租车服务公司、专业会议组织公司（PCO）、目的地管理公司（DMC）、旅游管理公司（TMC）、旅游专业服务公司
组织创新式	大型旅游企业集团为占领市场和扩大规模，在经营和管理上的组织表现形式	市场份额、规模经济	企业集团	经济型酒店、连锁酒店、连锁旅行社、景区联盟饭店联盟
服务外包式	企业集团或政府部门为节约成本、减少开支和便于管理，把内部的某些业务和事物外包出去以提高核心竞争力	成本节约、优化管理	大型企业	旅游呼叫中心运营商、差旅管理公司、会奖旅游服务公司
技术推动式	在电子信息和网络技术高度发达的基础上直接催生的新型业态	资本技术、网络经济	IT企业、信息部门、高科技产业	以"携程网"、"艺龙网"、"芒果网"为代表的第三方中介，以"去哪儿"为代表的垂直搜索引擎，以及移动通信信息提供商、数字旅游服务商等
区域集中式	企业为获取集聚优势而在某一特定区域功能上的联合	综合效益、集聚经济	开发区、商务区、现代服务集聚区	超级购物中心（Shopping mall）、精品综合度假中心、旅游总部经济集聚区（项目集聚与推广中心）、旅游综合体等
业务融合式	企业为获取规模经济和范围经济在某一产业范围内业务上的联合	化解风险、范围经济	归属第三产业的大型企业或综合型企业集团	超级购物中心（Shopping mall）、精品综合度假中心、旅游总部经济集聚区（项目集聚与推广中心）、旅游综合体等
俱乐部式	为吸引特定的人群而成立并为其服务的具有一定内部开放性的组织	特定团体、群体价值	行业协会、自发性组织	"汽车营地"服务商、自驾车俱乐部、"俱乐部式"餐饮/酒店、老人俱乐部式公寓、换房旅游俱乐部海上游艇俱乐部等

四、旅游新业态

进入 21 世纪，随着体验经济时代的到来，旅游消费日益个性化、多元化。人们更加注重旅游过程中的体验性和参与性，更加渴望回归自然、体验本色，更加注重修身养性，更加注重创意创新。在产业融合的大环境下，旅游新业态的产生主要体现在四个方面：一是在原有传统旅游产品基础上深化体验效果而产生的新业态，如温泉体验旅游、高海拔地区山地旅游等；二是旅游产业内各要素不断衍生分化的新业态，如自驾车旅游、邮轮旅游等；三是与现代服务业等第三产业交叉融合形成的新业态，如会展旅游、医疗旅游、文化创意旅游、体育旅游等；四是与其他第一、第二产业进行融合渗透而产生的新业态，如乡村旅游、工业旅游等。

（一）温泉旅游：深度体验，产业集聚

温泉旅游是休闲旅游的重要组成部分。健康作为全人类的共同追求，科学的休闲养生概念也被提升至空前高度。健康投资作为温泉旅游的价值所在，已经成为该阶段温泉旅游的一个重要消费理念。体验旅游时代的到来，对全面促进旅游产业素质的战略转型提出了更高的要求。温泉旅游区别于其他类型旅游最大的特性是体验性，体验旅游强调的是游客对温泉文化、温泉生活和温泉历史的体验，进而在多元与差异中彰显个性。这不仅是新时代旅游消费需求升级的结果，更是旅游发展模式转型和提升的必然要求。

1. 旅游项目体验化设计

旅游项目体验化设计是指将旅游项目作为一种经济产出类型，以吸引旅游者参与和消费来获取体验的高经济附加值。旅游项目体验化设计一方面是旅游者对旅游项目的差异化体验和消费过程，获得精神享受和满足，同时增加了旅游项目的体验化效用和进程；另一方面是旅游经营者围绕满足旅游者审美和愉悦等精神享受的价值核心而追加的多重体验过程，同时也是一种经济效益累积的过程。温泉旅游项目设计在于深度挖掘单项旅游资源（或吸引物）的美学价值、文化价值、科学价值、经济价值等，实现单项旅游项目经济价值最大化。在视觉设计、活动设计、声音设计、味觉设计、触觉设计等方面追求旅游产品差异、产品特色，通过调动旅游者视觉、味觉、嗅觉、听觉等感官达到全方位的参与体验。

2. 温泉景观设计

温泉旅游度假地的设计理念与其他诸如城市宾馆、度假村或城市公园的做法有明显差异。温泉水是一种特有的资源，但对于一个温泉旅游地来说，仅有温泉资源是不够的，必须要在景观元素组合的基础上，紧紧围绕"温泉洗浴，景观营造"这一中心，突出以温泉水体景观为主，设施景观、绿化景观为辅的设计方针。

在大自然的众多景观元素中，选择水体、山石、植被、硬地以及景观建

筑作为景观构成的主要元素，通过直接利用或人工手段，使水体、植被、建筑三个景观层次形成空间过渡与相互渗透，产生丰富多样的景观效果，形成温泉景观系统。同时结合人文环境与地域特色，如民俗风情、历史文化等设计出不可替代的人文景观环境。

3. 温泉产业集聚

温泉产业集聚是指温泉旅游核心吸引物与温泉旅游消费相关的旅游企业及相关支持企业和部门，在一定地域空间内的集中并协同发展。从产业关联度和产业链的角度考虑，温泉产业集聚由三个层次组成，分别是基本行业集聚、直接影响行业集聚和间接影响行业集聚。住宿业、餐饮业、旅游交通业、旅游娱乐业、旅游购物业、温泉消费业、旅行社业等产业是温泉旅游产业的基本行业；与温泉旅游基本行业连接最为紧密的直接影响行业主要有资源勘探与采掘业、建筑设施建造业、酒店产品制造业、广告宣传业、温泉人才教育培训业等；间接影响行业主要是指公共设施服务业，包括水、电、气的提供行业以及邮政、电信、金融、医疗等行业。

4. 优化产品体系

四季恒温休闲是休闲产业创造最大效益、实现可持续发展的最大卖点。以温泉为引擎，整合泛旅游产业（会议会展、体育运动、农业观光、旅游地产、娱乐、购物、民俗、宗教、影视等），领跑休闲度假产业，是实现四季休闲产业整合的最佳途径。由此，引发了四季休闲产业全新的集结与整合，形成了新的产业模式与业态发展。从度假资源组合的角度，形成春冬两季温泉、滑雪度假，夏秋两季森林、滨海和乡村度假；从温泉深度利用的角度，形成恒温游泳、恒温海水游泳、恒温盐浴、温室大堂酒店等其他休闲产品与产业模式；从项目创新组合的角度，开展四季更新节庆活动，以特色餐饮、节庆、滑雪、高尔夫等休闲资源作为配套，让观光、游乐、泡汤、SPA（水疗）、健身、美食、购物等形成有机互动，从而使温泉旅游实现全天候运转。

5. 温泉体验营销

体验是复杂多样的，体验形式是由特定的体验媒介所创造出来的，并且能达到有效的营销目的。伯德·施密特将这些不同的体验形式称为战略体验模块，并将其分为以下五种类型。①知觉体验。带游客在源头或者出水井处，让游客在洗浴之前充分进行温泉的知觉体验，感受"原真温泉"的魅力。②思维体验。中国死海景区一直以"温泉漂浮之谜"、"温泉色差之谜"为主题进行思维体验营销，让游客在游览前、游览时、游览后围绕谜团不断思考，实现旅游行为，增加旅游乐趣。③行为体验。如天沐温泉集团自主设计的"九步六法沐汤仪式"创新了温泉洗浴流程，使游客改变原有的洗浴观念和方式。

旅游景区开发与区域经济发展

④情感体验。例如"温泉快乐之旅"主题情感体验,为了实现"快乐"情感体验,要求服务人员要保持微笑、提供优质的服务,制作快乐手册和温馨提示,并营造"快乐"音乐背景。⑤关联体验。"SPA"一词,本意是水疗,方法是充分运用水的物理特性、温度及冲击,来达到保养、健身的效果。现在,SPA已经是舒缓压力、休养身心、康体养生、高质量生活的代表和体现,吸引了大量的消费群体。

6. 循环经济利用

以循环经济理论指导温泉度假区建设,加强对生态循环型温泉度假区建设的可能性探讨,大力发展无污染的产业模式。以温泉开发为龙头,带动相关行业的发展。综合开发水平的评价应以最大限度地利用温泉水资源,最大限度地带动地方经济为基本标准。形成以温泉旅游为核心,以供热供暖、养殖业、种植业、畜产品加工等为辅的双核结构,做到广开资源、延长过程、注重节源,为减量化、再利用、资源化创造途径。

(二)高山、极高山山地旅游:低碳环保,高端个性

山地利用方式和发展模式的优化和选择关乎国家生态安全和可持续发展大局。发展山地旅游是山区(尤其是山地地区)发展的重要途径,是人类(尤其是少数民族)利用山地的重要方式。看山,要看极高山。对于那些分布在遥远西部的沉默大山,中国山岳文化的聚光灯始终没有照临到这些山中"灰姑娘"身上。如果说以中东部山为主体的中华传统山岳文化是古典地理学的产物,那么,西部山地山岳文化一旦走到前台,必将引领一场山地旅游的颠覆性革命。我国高山、极高山资源丰富,攀登高山和极高山貌似是少数人参与的活动,但是对蓬勃发展的现代旅游业来说,随着旅游交通、社会经济、安全保障、技术设备等的全面升级,高山、极高山地区旅游新产品、新业态和顶峰深度体验将引领山地旅游的主流趋势,是旅游可持续发展的必然选择。

1. 规划与开发原则

(1)以人为本,保障发展

山区交通可进入性难度较大,游客适应性相对较差。深入分析游客的运行规律,游客的生理需求和心理需求,针对入境旅游市场、自驾车旅游市场、特种旅游市场、高端观光市场的需求特征,针对不同年龄、不同身体素质、不同职业特征的客源市场,提供人性化的服务。高度重视公共安全,系统构建公共安全综合体系,提升公共安全综合保障能力以及应对自然灾害、突发事件的应急和救援能力,保障旅游区的可持续发展。

(2) 绿色环保，低碳旅游

山区太阳能、风能、水能丰富，提倡以低能耗、低污染为基础的绿色旅行。其中包含了政府与旅行机构推出的相关环保低碳政策与低碳旅游线路、个人出行中携带环保行李、住环保旅馆、选择二氧化碳排放较低的交通工具等方面。这也为我国四类主体功能区中限制开发区和禁止开发区的旅游发展提供了范例和思路。

(3) 富民安康，社区参与

山区地段往往是经济较为不发达的少数民族聚集区，妥善处理和协调旅游各利益相关方之间的关系，尤其是高山地区"农村、农业和农民"的关系。通过旅游城镇建设及乡村旅游的发展，促进高山少数民族地区基础设施和服务设施的建设，调动山区居民发展旅游的积极性和创造性，带动地方经济发展。

(4) 交通先行，高位发展

小众的生态旅游固然能保护生态环境，但是如何在环境保护和经济效益之间达到平衡？满足高端、大容量的观光市场应该是问题的关键。山地地区山脊多呈齿状，山峰多呈锥形，地形复杂，可达性低，可以建设一定的徒步、马道，也可采用旅游直升机提供一种高端的空中旅游。对于丘状起伏的高原地区，也可以建设大容量、安全、舒适、快进快出的山地轨道交通系统。

2. 规划与开发重点

立足山地旅游发展的客观现实，确定山地旅游开发的6个要素：景观要素，经济社会要素，绿色服务设施要素，游客安全服务要素，新产品新业态要素，顶峰体验要素。其中，景观要素是资源基础，经济社会要素是催化引擎，绿色服务设施要素是基本保障，游客安全服务要素是安全保障，新产品新业态要素是盈利保障，顶峰体验要素是核心灵魂。

(1) 景观要素

山地的审美标准主要侧重于气候气象、地质地貌多样性和生物景观的敏感性，它们是山地旅游资源的基础和风景骨架，在很大程度上也决定着旅游项目的兴建和选择。科学价值是决定旅游项目国际市场地位和资源品牌的灵魂。另外，山地文化原生性、多样性，自然与人文景观的组合协调度，以及开发利用程度也是衡量其综合景观价值的基础。

(2) 经济社会要素

旅游发展的根本是带动地方经济的发展。高原旅游集镇是旅游发展的一级游客安全岛和集散中心。社区居民好客度和参与度、消费方式和经济基础以及相关政策性优惠（如藏区富民安康、牧民新居等政策）是"高山经济带"发展的催化剂。

（3）绿色服务设施要素

服务设施最大限度地体现出环保理念，在解决可进入性和可逗留性的同时，追求绿色环保和设施的景观效果。尽可能地选择现代环保、低能耗材料。山地旅游作为新的旅游形式，对旅游者、旅游从业者和旅游活动本身都提出了更高的环保要求。一方面，旅游群体应怀着对自然的敬畏之心，以对生态资源的欣赏和探索为目的出游；另一方面，山地旅游的需求多样性和认知群体多元性必然带来多样化的交通需求，需要构建灵活多样的服务设施、交通工具等。

（4）游客安全服务要素

游客安全服务设施是发展山地旅游的保障。服务设施要充分体现以人为本，在旅游城镇、旅游村落、旅游站点构筑立体化、层次化的游客安全岛，包括必要的安全急救、设备租赁、餐饮购物、咨询导航等功能。项目的选址应该做安全性评价和地质灾害评估。

（5）新产品新业态要素

有别于平原、丘陵地区，要充分发挥山地自然资源和原生态文化优势，打造山地旅游新业态全景产业链，如自驾车文化产业、民俗实景演艺、影视婚庆摄影、户外极限运动等，寻求全新的盈利空间和盈利模式，最大限度地带动山区经济的联动发展。

（6）顶峰体验要素

极高山顶峰体验是山地旅游项目的核心精华。相对高度带来无与伦比的壮美、形态、气韵、山势等感性层面，以人为本的景观化休息站、现代化观景工具和观景方式将把山地旅游的真谛全方位演绎出来。

（三）乡村旅游：城乡统筹，提升品质

中国乡村旅游的发展为第一、第三产业的结合找到了一个重要的切入点，成为平衡城乡发展和缩小城乡差距的重要渠道。2006年，国家旅游局确定旅游主题为"中国乡村旅游"，并在全国范围内大力发展乡村旅游；2007年，国家旅游局又确定旅游主题为"中国和谐城乡游"；2008年，"5·12"汶川大地震后，国家旅游局将乡村旅游确定为加快灾后重建和巩固灾后重建成果的重要推手。在构建和谐社会的过程中，国家推进产业结构调整、转变经济增长方式、安置农村剩余劳动力、扩大就业以及"旅游扶贫"的一系列政策、措施，为乡村旅游的全面发展提供了强有力的政策支持和广阔的历史舞台。

目前，乡村旅游在发达国家已经成为重要的旅游方式，并且已形成新的创汇产业。意大利、美国、澳大利亚、法国、德国、荷兰、日本等国的观光休闲农业、牧场和都市农业园,都由过去单一的观光型农业园,发展成了集观光、休闲、度假、教育和体验于一体的观光农业园、农业区、农业带,形成了多元化、多功能和多层次的规模经营格局,规模与效益也在同步增长。国外在发展乡村旅游时,注重政府对乡村旅游的支持,注重品牌化、特色化,强调随意休闲,注重乡村旅游与生态旅游的结合,注重乡村旅游的文化挖掘。我国传统的乡村旅游已形成八种模式:①都市依托型(如北京门头沟、成都三圣花乡);②景区依托型(如成都青城山镇);③村镇依托型(如贵州天龙屯堡、郫县友爱村);④基地依托型(如四川新津"花舞人间"、新疆吐鲁番);⑤老少边贫地区型(如六盘山旅游扶贫试验区);⑥农业产业观光型(如台湾天福茗茶、都江堰红阳猕猴桃基地);⑦近郊商务度假村型(如京郊乡村);⑧休闲农庄型(如杭州特色休闲农庄)。

新时期,乡村旅游产品不断呈现出新形态和新模式,如主题休闲农园发展模式、乡村主题博物馆发展模式、主题文化村落发展模式、乡村俱乐部发展模式、现代商务度假与企业庄园模式、农业产业化与产业园区模式、区域乡村景观模式等,从主题定位、市场定位、产品定位和接待设施等方面不断提升乡村旅游的品质。

(四)自驾车旅游:高端时尚,专业个性

随着我国私家车保有量的迅速增长和高速公路网络的不断完善,自驾车旅游逐渐成为一种时尚。自驾车已经成为一种综合旅游业态形式,包括自驾车营地、汽车租赁公司、汽车旅馆、自驾俱乐部等一系列为自驾游服务的经营实体。作为自驾游的上游行业,全国租赁汽车市场规模如今已突破5万辆,拥有汽车租赁的城市已占我国城市总数的2/3以上。另外,据专业人士预计,在未来不到10年的时间里,国内有望形成100亿元以上的房车消费市场。

(1)自驾车专业旅行社

虽然自驾车旅游看似是一种自助式旅游,但实际上它在很多方面还需要旅行社的参与和协助。专业旅行社凭借其已形成的广泛的网络体系优势(与众多景点、酒店等联系紧密),突出在票务、餐饮、旅馆住宿等方面的预订能力和折扣优势,突出价格优势,帮助自驾车游客解决探线、买票、联络住宿等一系列烦琐问题。

(2)汽车租赁

在自驾车旅游风靡的欧洲,汽车租赁业与旅游业早已进行长期蜜月般的合作关系,欧洲租车公司专门经营欧洲各地区的汽车租赁业务,退车手续方便而且费用合理,深受欧洲自驾车游客的喜爱。汽车租赁业的发展不但可以为国内众多"有本无车"的人提供自驾车旅游的便利条件，而且还可以通过异地租车、异地还车促进长途自驾车旅游的进一步发展。

（3）汽车营地

汽车营地是指在交通发达、风景优美之地开设的、专门为自驾车爱好者提供自助或半自助服务的休闲度假区。主要服务包括住宿、露营、餐饮、娱乐、拓展、汽车保养与维护等，是满足现代人休闲时尚需求的旅游新产品。汽车营地选址方便，规模适中，投入不大，便于迅速推广。

（4）汽车休闲站

汽车休闲站是指和高速公路直接连接的，为自驾车一族提供途中补给和短期休闲服务的服务设施。休闲站附近风景怡人，值得停车欣赏。站内设有简便的车辆维护、用餐休息、闲聊观景的地方，使旅途变得轻松、惬意。它既可以依托现有的高速公路服务站，也可以另行建设。它将有效延伸和扩展现有高速公路服务站的服务内容，成为高速公路时代不可或缺的服务设施。

（5）新型加油站

加油站是自驾车旅游的生命补给线，自驾车旅游的火爆，必定导致旅游目的地沿途加油站的新一轮兴起和新的"变身"。早在20世纪70年代，美国"加油站"的名称被"汽车服务区"取代。名称的改变，实质上意味着新服务的出现。在汽车服务区，汽车可以加各种油品如汽油、柴油、润滑油等，也可以做保养维修，如打气、换轮胎、做汽车美容等。驾车者还可以买到所需的商品，如香烟、剃须刀、睡衣睡袋等，更可以小憩、喝咖啡、吃快餐、发邮件等。这些非油品业务的利润，占到加油站利润总额的90%以上。

（6）汽车旅馆

据有关数字显示，西方国家90%以上的自驾车旅游者喜欢投宿汽车旅馆。汽车旅馆不仅分布在公路的沿线，更辐射到了大大小小的城镇和郊区，许多全国联营性的汽车旅馆还可免费代客向另一城市的汽车旅馆预订房间。经过多年发展，汽车旅馆已经成为欧美人生活中的一个重要组成部分和外出旅游的上佳之选。

（7）旅游房车

房车旅游始于"一战"后期，在20世纪80年代成为新兴的休闲方式，迅速风靡欧美国家。如今，外形豪华，内设齐全，配有卧室、电视、音响、冰箱、化妆台，甚至带卫生间的旅行房车已经越来越多地进入国人的视野。而房车旅行这项集旅行、住宿、烹饪、淋浴、工作于一体的出行方式，已成为国内高端人群休闲旅游的一部分，他们或举家开着房车到郊外露营，或驾驶着它穿梭于大漠、森林进行浪漫之旅。从房车车型来看，有最常见的皮卡房车，有拖挂式旅居房车，也有背托式房车、帐篷式房车等。目前，买房车的消费者主要是房车俱乐部、房地产公司、影视明星、企业大腕等。普通大众距离拥有自己的房车还是很遥远的，但是从房车旅游来说，现在俱乐部的租赁业务为游客提供了很多的便利。

（五）体育旅游：康体娱乐，高端时尚

所谓体育旅游，是指旅游者在旅游中所从事的各种体育娱乐、健身、竞技、探险和观赏体育比赛等活动与旅游地、旅游企业及社会之间关系的总和。体育旅游因其具有康体娱乐、高端时尚的特点已经成为各国用以推动本国旅游产业的重要战略手段之一。世界体育旅游业态大致可分为以下五大类。

1. 体育旅游节日赛事

像奥运会和世界杯这样的大型体育盛会不仅能够给举办国带来巨大的经济利益，而且有利于吸引更多的外国游客以及提升国家形象和知名度。

2. 体育旅游活动

如游泳、滑冰、划船、垂钓、网球、高尔夫、漂流、滑雪、跳伞、滑翔、自行车、骑马等体育运动。美国的世界著名旅游地迪士尼乐园建设了面积为200亩的综合体育公园，转变为体育旅游胜地。

3. 体育旅游魅力物

所谓体育旅游魅力物，是指以参观体育博物馆等体育历史文物和遗迹的旅游活动。

4. 体育旅游度假村

体育旅游度假村是指具备各种体育设施，能够进行各种体育体验的综合度假场所。比如，拥有滑雪场、高尔夫球场、食宿设施、娱乐设施等四季型设施的综合度假村。

5. 体育旅游巡游

体育旅游巡游是指在一定的期间里变换不同的场所进行观赏或进行像高尔夫、网球、垂钓等体育活动的旅游。

（六）会展旅游：政府搭台，多元经营

会展业包括会议业、展览业和奖励旅游业。随着城市经济的发展，会展旅游作为一种在空间上与大型城市经济体高度相关的旅游产业分支，其发展日益受到城市运营者的重视。

会展旅游是现代旅游服务业的重要业务内容，也是促进旅游业转型的关键产业板块，目前世界会议旅游收入规模已达2200亿美元。现代的会展旅游已经超越了机票、酒店预订等基本的单项旅行服务，包括提供规划会议方案、打理会务接待、安排会议活动等事宜，服务的专业化和复杂程度日趋提升。而从消费特征和档次分析，会议是旅游的高端产品，与观光旅游者相比，会展旅游者具有消费能力强、重访率高、对配套设施要求较高、不受季节影响、停留时间较长等特征。为鼓励和引导会展旅游发展，政府要以大型国际展会、重要文化活动和体育赛事为平台，培育新的旅游消费热点，扶持旅行社等专业组织开展会展旅游市场化经营。旅游行政主管部门、行业协会要积极帮助企业搭建与国际会议及奖励旅游组织、机构的合作渠道，规范和加强在华国际会议管理等。

（七）邮轮旅游：专业、豪华

邮轮是一种以大型豪华游船为载体，以海上巡游为主要形式，以船上活动和岸上休闲旅游为主要内容的高端旅游活动。从旅游产业链角度来看，邮轮抵达之前、抵达、停靠、离开邮轮码头所引发的一系列产品与服务的交易，即通常所指的邮轮旅游业，是一种介于运输业、观光与休闲业、旅行业之间的边缘产业。以美国为首的北美地区人均收入较高，消费较为超前，因而成为世界上最大的邮轮市场，游客数量一直占世界份额的80%左右。目前，世界主要的邮轮航行区域有加勒比海海域（包括加勒比海、墨西哥湾及其周边海域）、地中海海域、东南亚海域、南太平洋海域、北欧海域、阿拉斯加、美国东西海岸等。我国邮轮旅游市场巨大，港口条件良好，形成了"一线三点"邮轮母港布置格局，包括：北部以天津港或大连港为中心，以韩日和西伯利亚东海岸为主的航线；中部以上海港为代表，以韩日、台港澳为主的航线；南部以广州为核心，以东南亚和南海为主的航线。

（八）文化创意旅游：文化＋创意＋旅游

世界旅游组织在《2020年旅游业展望》中预计，文化主题旅游将成为旅游发展的重要方向，发展文化旅游创意产业，带动产业结构升级和区域块状经济发展，转变经济发展方式，构建"旅游创意化，创意产业化"发展格局，将成为一个国家或城市经济社会发展的战略取向，成为区域软实力竞争的核心内容。旅游最核心的东西是"创意"，中国的旅游业正在慢慢转型，文化与旅游结合的需求越来越明显。2009年文化产业被国务院列入产业振兴规划范围，2010年《政府工作报告》中重点强调文化产业发展对我国经济增长方式转变的积极意义。文化旅游创意产业是指为了满足旅游者对精神方面的需求而策划设计的文化活动内容并形成旅游者可以体验参与的活动，以及为此而必备的制度安排和设施条件。创意主要释放在文化活动的内容、形式和设施上。从旅游业宏观角度看，重点在于旅游文化产业的发展与谋划，包括原有产业的稳定发展和深度发展，以及新型创意产业的培育。具体而言，旅游创意主要包括旅游产品创意（提升文化品位）、旅游活动创意（增加深度体验）、旅游商品创意（加强设计水平）和旅游服务创意（更加人性化）等方面。

（九）医疗旅游：健康、时尚

医疗旅游是指旅游者可以根据自己的病情、医生的建议，选择合适的游览区，在旅游的同时享受健康管家服务，进行有效的健康管理，达到身心健康的目的。医疗旅行的起源，最早始于欧洲皇室，他们到环境清幽的地方泡温泉，寻求身心的放松，以获得的健康身体为。医疗旅游与我们现在的旅游产品从本质上既有区别又有联系。大多数人希望从旅途中获得身心的放松，这实际上也是对健康的追求。而如今，国内产生的医疗旅游行业，更具针对性地解决游客身体存在的健康困扰。日本、泰国的"医疗观光游"深得国人欢迎，日本更是开放了"医疗签证"，以吸引更多外国人赴日体检。新加坡精密的医疗服务被世界卫生组织列为亚洲拥有最佳医疗系统国家。韩国医疗旅游协会表示，尝试将医疗旅游集中在整形美容上。马来西亚推动医疗旅游的最大优势是其医疗费用十分低廉。除了亚洲，欧洲旅游目的地也纷纷以"健康旅游"作为未来旅游业的发展重点，它们针对中国游客推出的项目以美容和疗养为主，比如针对白领等推出体检医疗旅游产品。

此外，中医把脉推拿、水疗、高尔夫、养生操、登山、海水浴、日光浴、沙浴、泥疗、矿泉浴等也是目前发展潜力较大的医疗项目。面对庞大的市场需求，旅行社和国内的医疗机构应该联合推出适合中国国情的医疗旅游套餐，在相关行业政策的管理下，将现有资源有机融合，促进、带动相关服务业发展，形成新的服务产业模式，推动经济进一步发展。此外，医疗机构也要注重提升自身的配套服务能力，在语言、保险、报销和生活服务等方面，都要符合国际患者的习惯。

参考文献

[1] 孙英杰. 旅游景区开发与管理 [M]. 北京：中国财富出版社，2016.

[2] 中国旅游研究院. 2018年中国旅游经济运行分析与2019年发展预测 [M]. 北京：中国旅游出版社，2019.

[3] 蔡家成. 朝阳智慧财富旅游开发与发展探索 [M]. 北京：中国旅游出版社，2016.

[4] 张志远，王镜，刘慧. 旅游景区规划与开发 [M]. 北京：中央广播电视大学出版社，2014.

[5] 魏鹏，杜婷. 区域旅游空间经济分析 [M]. 长春：吉林大学出版社，2018.

[6] 温秀. 旅游经济学 [M]. 西安：西安交通大学出版社，2017.

[7] 刘名俭. 旅游经济发展方式转变路径研究 [M]. 北京：中国环境科学出版社，2012.

[8] 程金龙. 中国区域旅游经济差异演变及主导因素分析 [J]. 华东经济管理，2018（12）：56-62.

[9] 赵兴军. 旅游产业结构优化与区域经济增长关系 [J]. 社会科学家，2018（11）：68-74.

[10] 张进财，叶楠馨. 以乡村特色旅游推进区域经济发展 [J]. 农业经济，2019（02）：49-51.

[11] 谭莉. 农村旅游休闲经济发展与乡村经济振兴的关联性研究 [J]. 农业经济，2019（03）：21-23.

[12] 许先普，陈天鑫. 旅游消费、产业结构调整与区域均衡发展 [J]. 消费经济，2019（02）：25-33.

[13] 孙军. 旅游业协调中国区域经济发展研究 [J]. 现代经济探讨，2019（08）：35-43.

[14] 李艳丽. 旅游产业结构优化对区域旅游经济的影响作用分析 [J]. 商业经济研究，2016（01）：185-187.

[15] 周成，金川，赵彪，张峰. 区域经济—生态—旅游耦合协调发展省际空

间差异研究 [J]. 干旱区资源与环境, 2016 (07): 203-208.

[16] 李秋雨, 朱麟奇, 刘继生. 中国旅游业对经济增长贡献的差异性研究 [J]. 中国人口·资源与环境, 2016 (04): 73-79.

[17] 翁宇威, 李治, 黄小明. 旅游产业聚集对我国区域经济发展的动态影响——基于PVAR模型的分析 [J]. 经济师, 2016 (06): 63-65.

[18] 赵静, 张佳会. 基于旅游经济效应的区域旅游经济发展研究 [J]. 改革与战略, 2016 (08): 92-96.

[19] 张辉, 岳燕祥. 全域旅游的理性思考 [J]. 旅游学刊, 2016 (09): 15-17.

[20] 阎友兵, 殷建立. 红色旅游发展的时空分异及其发展模式研究 [J]. 湖南财政经济学院学报, 2014 (01): 119-126.

[21] 陈刚强, 李映辉, 胡湘菊. 基于空间集聚的中国入境旅游区域经济效应分析 [J]. 地理研究, 2014 (01): 167-178.

[22] 刘丽娟. 旅游产业与经济耦合协调度分析及调控策略 [J]. 商业时代, 2014 (06): 141-142.

[23] 孙盼盼, 戴学锋. 中国区域旅游经济差异的空间统计分析 [J]. 旅游科学, 2014 (02): 35-48.

[24] 徐菁, 黄震方, 靳诚. 景区建设对区域经济发展的响应格局演变——以江苏省为例 [J]. 自然资源学报, 2014 (06): 956-966.

[25] 李志勇, 于萌. 旅游产业融合视角下欠发达地区经济发展路径探索 [J]. 四川大学学报(哲学社会科学版), 2014 (04): 117-124.

[26] 郭永锐, 张捷, 卢韶婧, 吴荣华. 中国入境旅游经济空间格局的时空动态性 [J]. 地理科学, 2014 (11): 1299-1304.

[27] 刘金栋, 郑向敏, 谢朝武. 省域旅游产业与区域经济的耦合协调度研究 [J]. 旅游论坛, 2013 (01): 42-47.

[28] 陈太政, 李锋, 乔家君. 旅游产业高级化与旅游经济增长关系研究 [J]. 经济地理, 2013 (05): 182-187.

[29] 詹新惠, 马耀峰, 刘军胜. 入境旅游流与区域经济发展的耦合协调度研究——以河南省为例 [J]. 河南科学, 2013 (06): 913-919.

[30] 李飞. 跨境旅游合作区: 探索中的边境旅游发展新模式 [J]. 旅游科学, 2013 (05): 10-21.